知れば知るほど面白い「その後」の三国志

渡辺精一・監修
Seiichi Watanabe

JIPPI Compact

実業之日本社

はじめに

世の中、表があれば裏があり、光があれば影がある。

歴史上の英雄たちも皆そうである。自信満々の表情で堂々と振る舞っていても、心のなかでは人知れぬ悩みや悲しみがよどんでいる。彼がいま、あたりを圧するような大声を出しているのは、内心の弱みを打ち消そうとして必死になっていたのかもしれない。

表面的なもののみを観察して、彼にあこがれて賛美を繰り返していては、歴史上の人物の真相にたどりつくことはできないだろう。

もうひとつ、その場面で起こったひとつの現象も、見方によって意味が正反対になることがある。

小学校に上がる前、こんな経験をした。テーブルの上に茶筒が出ていた。誰が出しっぱなしにしたのか――そう思った私は茶筒を手に取り、棚の扉を開けて茶筒を所定の位置に置き、そして扉を閉めようとした瞬間、ちょうど室内に戻ってきた母親が、「何を出そうとしているの？」と言った。私は出そうとしたのではなく、しまっていたのに。

歴史上にも、こういうことがある。彼が他国に進撃したのは、国家のためか、自分の欲望の充足のためか。

本書を監修しながら、以上のような点に注意を払った。

また、歴史はずっとひとつながりのものなので、ある時期だけで切ってしまうと、その見え方が違ってしまう恐れがある。

『三国志』の世界も同様である。

本書では、陳寿《ちんじゅ》の『三国志』を中心に、極力出典を示しながら記述が展開している。気をつけないと、その中には物語である『三国志演義』の記述と一致するものもあるからである。そして一般には読まないか、読み飛ばされてしまう魏《ぎ》・呉《ご》の末期の状況（滅亡に至る過程）に向かっていく、つまり諸葛孔明《しょかつこうめい》の死後の部分にスポットライトを当てて手厚く記述してある。

さらに晋《しん》の武帝司馬炎《ぶていしばえん》の天下統一後はどうなっていくのか、別に章を立てて記してある。『三国志演義』が終わったあとの世界である。

そこで、独裁者と呼ぶには程遠い、あまりに悲しい司馬炎の苦悩と煩悶の日々とをご覧いただけるはずである。なお、この四章部分に関しては、私が『晋書《しんじょ》』をもとに執筆を担当したことを付記しておく。

いざ、「その後」の『三国志』の世界へ。そして「その後のその後」の世界へ。

渡辺精一

◉知れば知るほど面白い「その後」の三国志〈目次〉

第二章 第二世代の躍動

第三章 三国時代の終焉 ―最後に笑ったのは誰か

第四章　晋の武帝司馬炎を巡る光と影

※本文中のイラストは、『三国志』をもとに描き起こしたイメージ図です。

カバーデザイン／杉本欣右
カバー・本文イラスト／山口直樹・山寺わかな
本文図版／ハッシィ
本文レイアウト／Ｌｕｓｈ！

序章

三国志とは何か？

『三国志』とは何か?

◈歴史書と小説

今日、小説や映画、アニメ、ゲームなどじつにさまざまな形で表現されている『三国志』は、三世紀後半、蜀《しょく》、晋《しん》に仕えた陳寿《ちんじゅ》が著わしたもので、陳寿の死後、晋から「正史」、正式な歴史書として認められた書を指す。『魏書《ぎしょ》』三十巻、『蜀書《しょくしょ》』十五巻、『呉書《ごしょ》』二十巻(宋版《そう》による。唐《とう》の目録では、『魏国志《ぎこくし》』『蜀国志《しょくこくし》』『呉国志《ごこくし》』)の全六十五巻から成り、時系列ではなく人物ごとに伝記が記録されている。このような形式を紀伝体《きでんたい》という。

五世紀に入ると、あまりにも内容が簡潔なものだったため、宋の文帝《ぶんてい》の命で、裴松之《はいしょうし》が二百余りの史料を精査し、そのなかから三国にまつわる逸話を注釈として書き加えた。その後、唐代には芸人が、北宋代には講釈師によって『三国志』が語られるようになり、一般民衆の間に広く浸透していくことになる。

そして十四世紀末の明代に、小説家羅貫中《らかんちゅう》が正史である『三国志』をもとに『三国志演義《えんぎ》』という歴史小説を著わした。長年にわたって語り継がれる間に非現実的な脚色部分が加えられ、歴史とかけ離れてしまっていたため、羅貫中はなるべくそういった部分を削り、

『三国志』と『三国志演義』の違い

『三国志演義』	書名	『三国志』
羅貫中	著者	陳寿
14世紀末	成立	３世紀後半
歴史小説	位置づけ	正史
――――	収録法	紀伝体（人物ごとに記述）
蜀を正統とする。歴史の流れはそのままに、講談や伝承などを取り込む。全120回からなり、その内容は史実７割、虚構３割とされる。	特徴	魏を正統とする。魏書30巻、蜀書15巻、呉書20巻の全65巻からなる。

史実に近づけようとした。

そのため、清《しん》代の史学者章学誠《しょうがくせい》が「『三国志演義』は史実が七割、虚構が三割」と評したように、限りなく歴史的事実に近い歴史小説となっている。

日本において『三国志』という場合、多くはこの『三国志演義』を指すが、あくまでも小説であり、正統な歴史ではないことを頭に入れておく必要があるだろう。

なお、『三国志』は魏を正統として描いているが（形式上、後漢《ごかん》の献帝《けんてい》の禅譲《ぜんじょう》を受けている）、陳寿が蜀に仕えていたこともあり、蜀に対しては同情的な目線も含まれている。一方の『三国志演義』は蜀の劉備《りゅうび》を善、魏の曹操《そうそう》を悪として描き、正義が悪に立ち向かうという特徴を持つ。

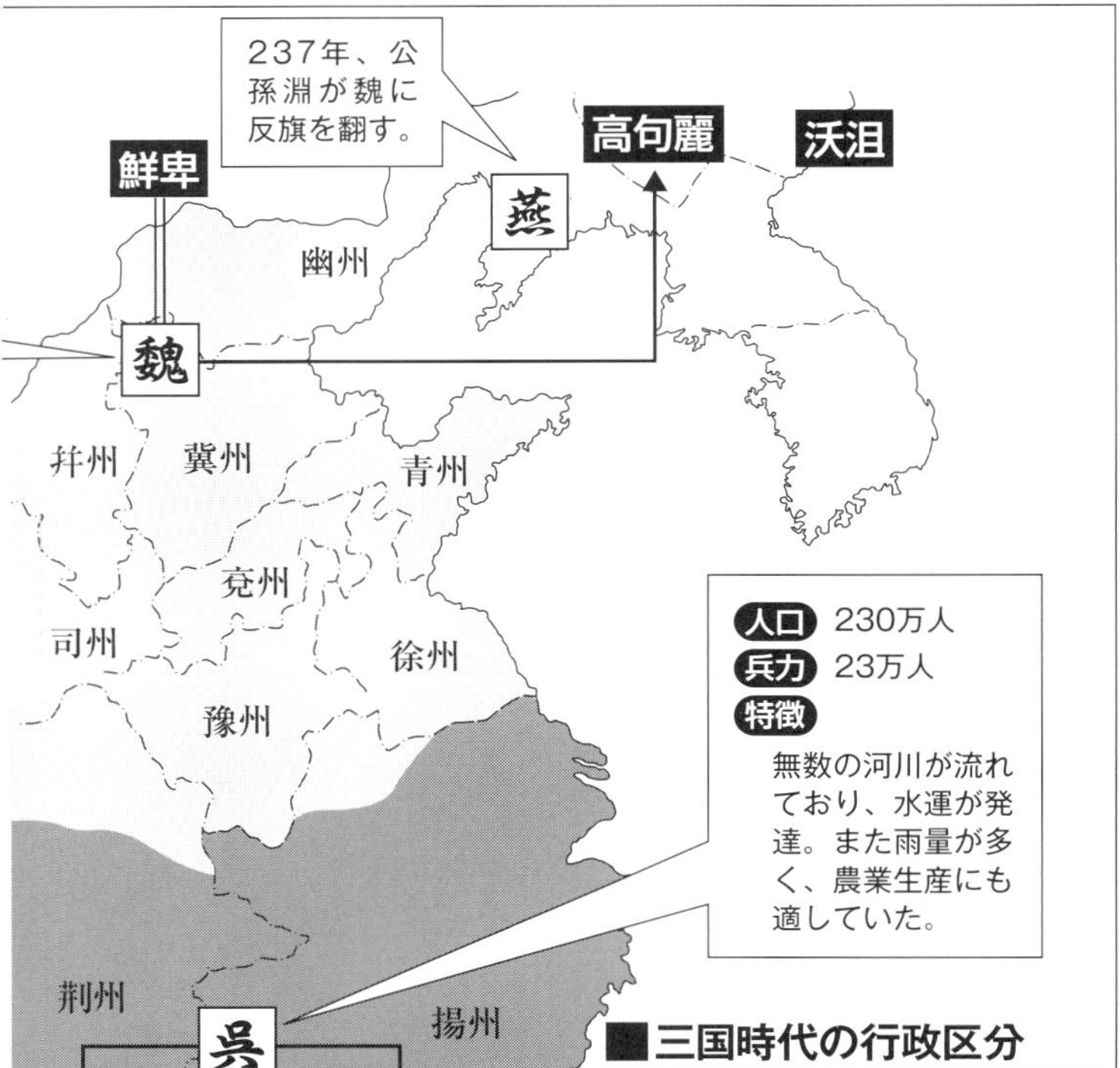
237年、公孫淵が魏に反旗を翻す。
鮮卑
高句麗
沃沮
燕
幽州
魏
幷州
冀州
青州
兗州
司州
徐州
豫州
人口 230万人
兵力 23万人
特徴
無数の河川が流れており、水運が発達。また雨量が多く、農業生産にも適していた。
荊州
呉
揚州
山越
蛮

■三国時代の行政区分

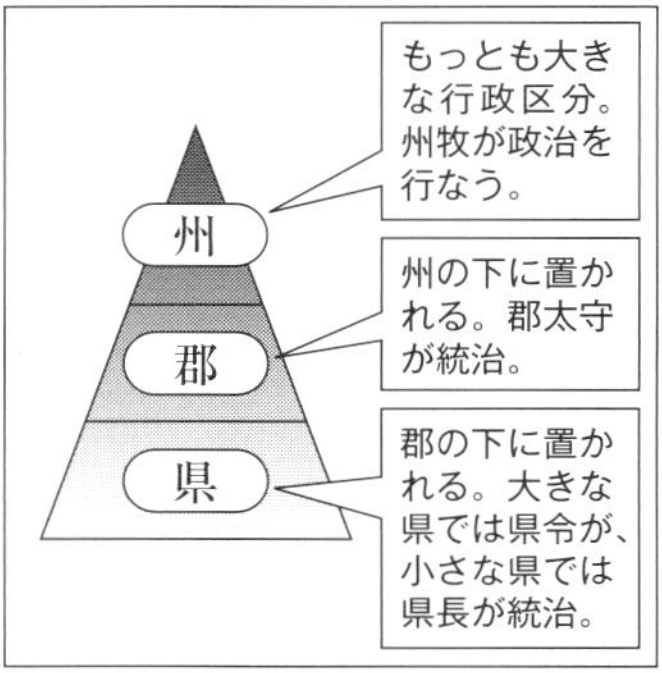
州
もっとも大きな行政区分。州牧が政治を行なう。
郡
州の下に置かれる。郡太守が統治。
県
郡の下に置かれる。大きな県では県令が、小さな県では県長が統治。

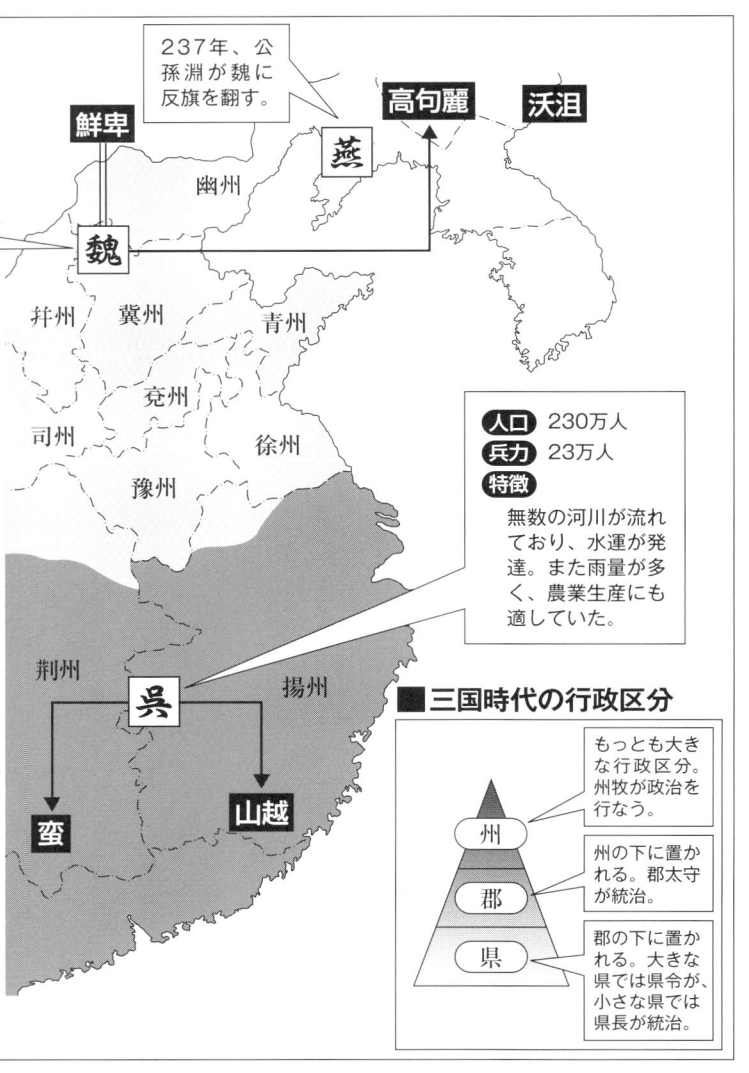

■ひと目でわかる！「その後」の三国志の世界

三国時代の中央官制

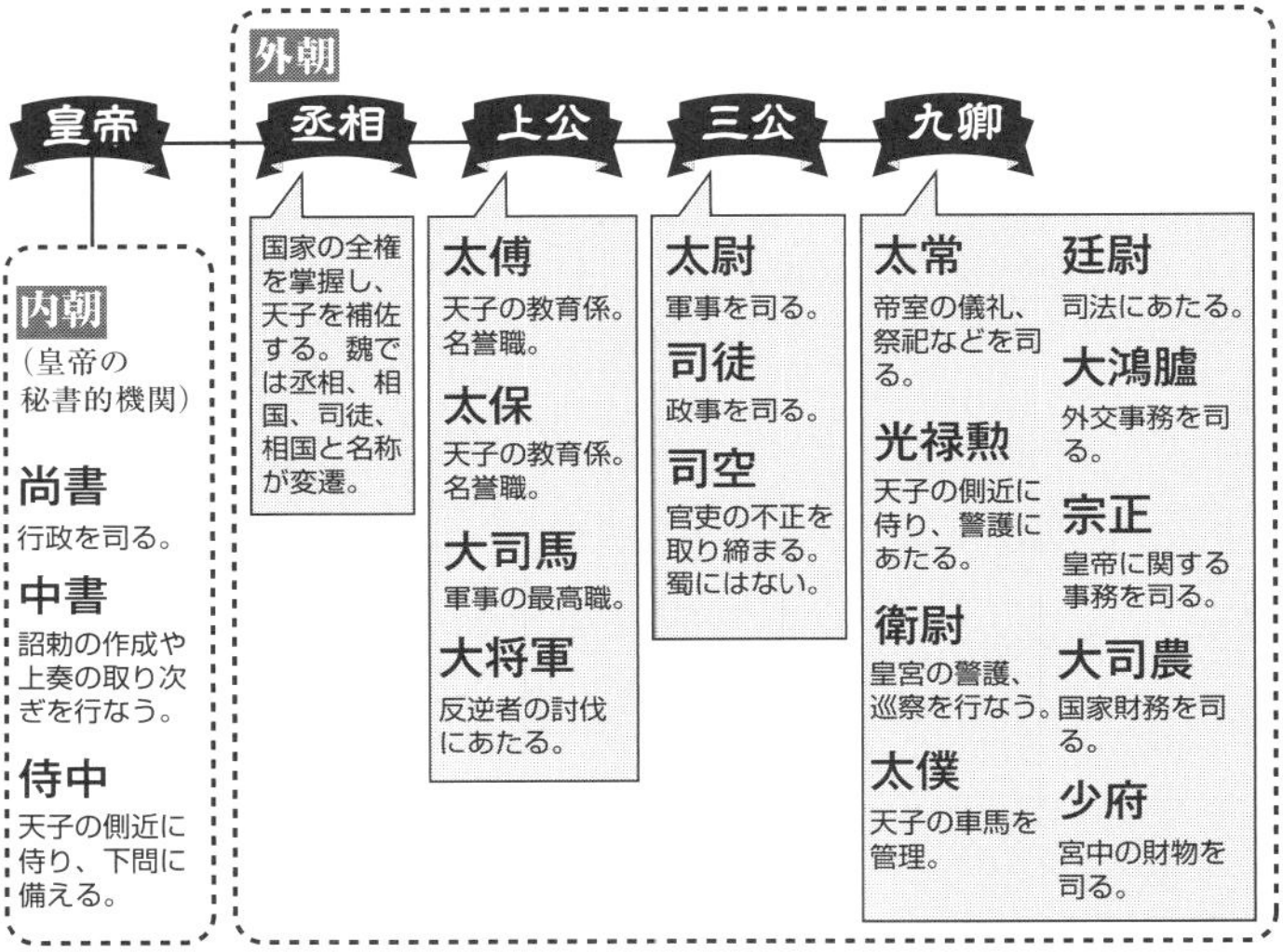
外朝
皇帝
丞相
上公
三公
九卿
国家の全権を掌握し、天子を補佐する。魏では丞相、相国、司徒、相国と名称が変遷。
太傅
天子の教育係。名誉職。
太保
天子の教育係。名誉職。
大司馬
軍事の最高職。
大将軍
反逆者の討伐にあたる。
太尉
軍事を司る。
司徒
政事を司る。
司空
官吏の不正を取り締まる。蜀にはない。
太常
帝室の儀礼、祭祀などを司る。
光禄勲
天子の側近に侍り、警護にあたる。
衛尉
皇宮の警護、巡察を行なう。
太僕
天子の車馬を管理。
廷尉
司法にあたる。
大鴻臚
外交事務を司る。
宗正
皇帝に関する事務を司る。
大司農
国家財務を司る。
少府
宮中の財物を司る。
内朝
（皇帝の秘書的機関）
尚書
行政を司る。
中書
詔勅の作成や上奏の取り次ぎを行なう。
侍中
天子の側近に侍り、下問に備える。

三国時代の将軍号

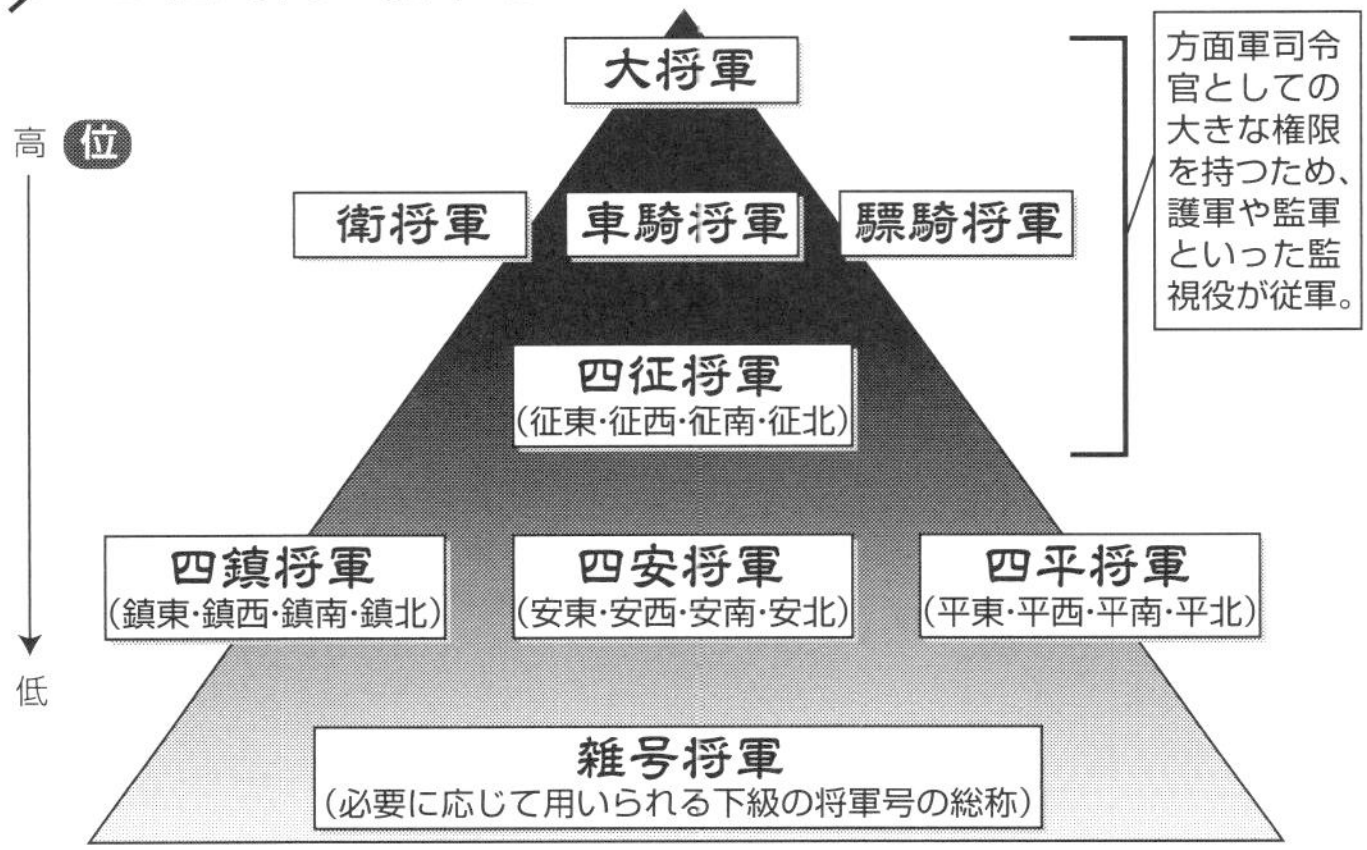
高 位
低
大将軍
衛将軍
車騎将軍
驃騎将軍
四征将軍
（征東·征西·征南·征北）
方面軍司令官としての大きな権限を持つため、護軍や監軍といった監視役が従軍。
四鎮将軍
（鎮東·鎮西·鎮南·鎮北）
四安将軍
（安東·安西·安南·安北）
四平将軍
（平東·平西·平南·平北）
雑号将軍
（必要に応じて用いられる下級の将軍号の総称）

あらすじ 群雄割拠の時代と三国の対立

▼▼▼群雄割拠の時代へ

後漢《ごかん》時代の末期、政治の腐敗にたまりかねた民衆の怒りを背景に、一八四年、太平道《たいへいどう》の首領 張角《ちょうかく》が、数十万人もの信徒を率いて反乱を起こした。黄巾《こうきん》の乱である。この乱の鎮圧に活躍したのが、各地の豪族たちだった。そして反乱を鎮めた豪族たちは、独自の権限を得るようになり、その一方で後漢王朝の権威が失墜していく。こうして各地で実力者が林立する群雄割拠《ぐんゆうかっきょ》の時代が始まったのである。そのなかにあって、いち早く覇を唱えたのが曹操《そうそう》だった。一九二年に青州《せいしゅう》で乱を起こしていた黄巾賊の残党を鎮圧し、そのなかから精鋭三十万人を自軍に組み入れた曹操は、献帝《けんてい》を本拠地である許《きょ》に迎え入れて奉戴《ほうたい》するとともに、河北《かほく》一帯をおさめていた袁紹《えんしょう》を破り、中原《ちゅうげん》の覇者となったのである。

一方、江東《こうとう》の地を平らげたのが孫策《そんさく》である。父孫堅《そんけん》同様、当初は南陽《なんよう》郡をおさめていた袁術《えんじゅつ》の将に甘んじていたが、一九七年に江東で独立。のちの呉の基盤を築き上げた。ところが二〇〇年、二十六歳という若さで亡くなったため、弟の孫権《そんけん》が跡を継いだ。

三国時代の一角を担った劉備《りゅうび》は、なかなか機に恵まれず、流浪の日々を送った。しかし二〇七年、荊州《けいしゅう》の劉表《りゅうひょう》の食客となっていたときに諸葛亮《しょかつりょう》（孔明《こうめい》）を軍師として迎え入れたことで飛躍のときが訪れた。二〇八年に呉の孫権と同盟を結び、赤壁《せきへき》の戦いで曹操を退けたのち、荊州南部を平定した劉備は、二一四年には益州《えきしゅう》を制圧。ここに、曹操、孫権、劉備の三者が相競う時代に突入したのである。

▼▼▼二人の皇帝が並び立つ

二一六年、曹操が魏王となったことを受け、二一九年、劉備は漢中《かんちゅう》王の位に即いた。しかし同年、荊州を守っていた義弟関羽《かんう》が、曹操軍と孫権軍の共同戦線の前に戦死。荊州は呉の領土となった。ここに、三国の領土が確定した。

二二〇年、病死した曹操の跡を継いだ曹丕《そうひ》は、献帝から禅譲《ぜんじょう》され、ついに皇帝の位に即いた。そして二二一年には劉備が漢王朝の再興を名目として皇帝として立った。一方の孫権は魏に臣従の意を示し、曹丕から呉王に封じられている。

ところが劉備は関羽を殺された恨みを晴らすべく、呉への征討軍を起こした。折りしも張飛《ちょうひ》が配下の者に殺害され、その犯人たちが呉に出奔《しゅっぽん》したことで歯止めがきかなくなった劉備だったが、呉軍の前に大敗を喫し、二二三年四月、孔明に後事を託して亡くなった。

第一章

三国時代の形成

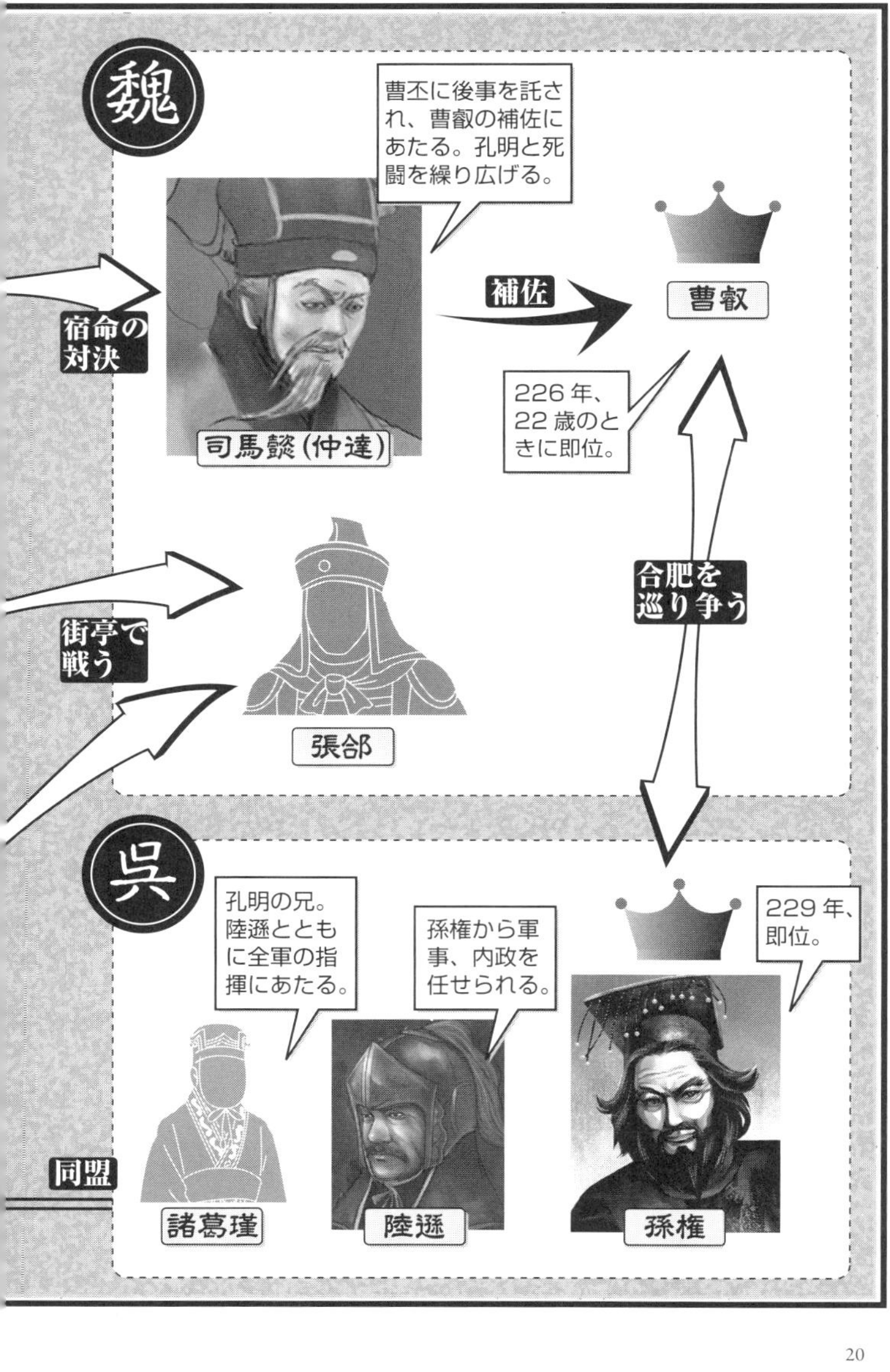

魏
曹丕に後事を託され、曹叡の補佐にあたる。孔明と死闘を繰り広げる。
宿命の対決
補佐
曹叡
226年、22歳のときに即位。
司馬懿(仲達)
合肥を巡り争う
街亭で戦う
張郃
呉
孔明の兄。陸遜とともに全軍の指揮にあたる。
孫権から軍事、内政を任せられる。
229年、即位。
同盟
諸葛瑾
陸遜
孫権

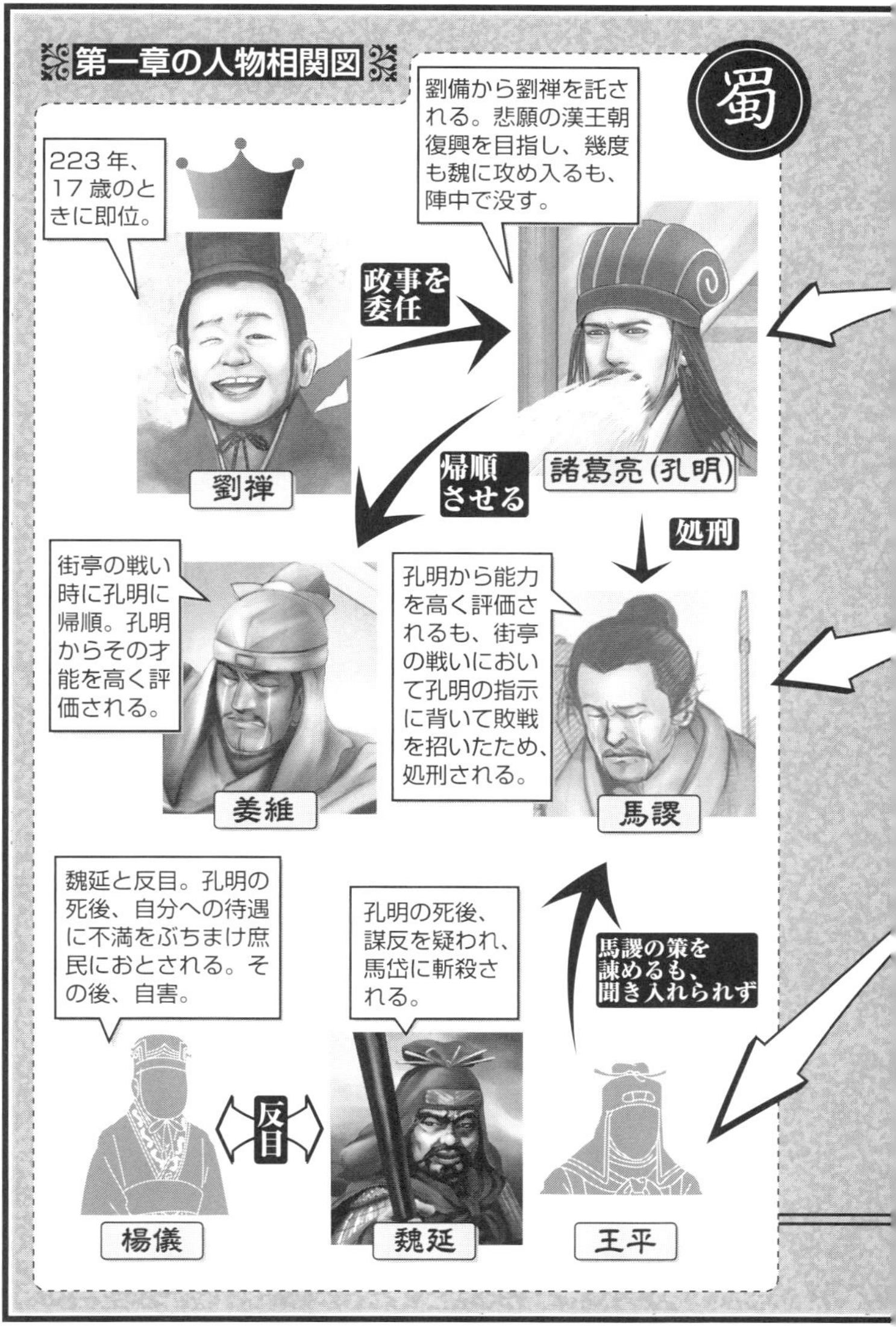
第一章の人物相関図
蜀
223年、17歳のときに即位。
劉備から劉禅を託される。悲願の漢王朝復興を目指し、幾度も魏に攻め入るも、陣中で没す。
政事を委任
劉禅
諸葛亮(孔明)
帰順させる
処刑
街亭の戦い時に孔明に帰順。孔明からその才能を高く評価される。
孔明から能力を高く評価されるも、街亭の戦いにおいて孔明の指示に背いて敗戦を招いたため、処刑される。
姜維
馬謖
魏延と反目。孔明の死後、自分への待遇に不満をぶちまけ庶民におとされる。その後、自害。
孔明の死後、謀反を疑われ、馬岱に斬殺される。
馬謖の策を諫めるも、聞き入れられず
反目
楊儀
魏延
王平

蜀

劉禅の即位

二二三年、孔明を中心とした新体制が築かれる

◆丞相の孔明に後事を託す

二二三年春、病の床についた劉備《りゅうび》は、もはや余命いくばくもないことを悟り、成都《せいと》から孔明《こうめい》を呼び寄せると、遺詔《いしょう》を下した。「君の才能は曹丕《そうひ》の十倍はあり、きっと国家を安んじ、最後には大事業を成し遂げることができるだろう。もし跡継ぎ（劉禅《りゅうぜん》）が輔佐するに足る人物ならば、これを輔佐してほしい。しかし、もし才能がなければ、君が自ら天子の位を奪うがよい」。

これに対して孔明は、「私は心から尽力し、忠誠の操を捧げましょう」と涙を流しながら劉禅に仕えることを誓った。

そして劉備は、子に対しては次のような遺言を残した。『諸葛亮集』によると、劉禅に対して「丞相《じょうしょう》（孔明）はおまえの知力が非常に大きく、進歩は期待以上のものであると言っているが、もしこれが本当ならばもはや心配することは何もない。ただ努力せよ。賢明さと徳、義、これだけが人を心服させることができるものだ。『漢書《かんじょ》』や『礼記《らいき》』、諸子《しょし》

用語解説　『**漢書**』：後漢の班固が撰した前漢一代の歴史書。『**礼記**』：儒家の経典で、中国古代の礼制に関する規定が記されている。『**諸子百家**』：春秋戦国時代に輩出した思想家、またはその典籍の総称。

mini column

阿承《あしょう》の醜女《しこめ》

孔明の妻の名は伝えられていない。天才的軍師できらめく知謀の持ち主であった孔明の妻であれば、さぞかし才色兼備の美女であったろうと思えるが、意外にも美女ではなかったらしい。『襄陽記《じょうようき》』によると、黄承彦《こうしょうげん》が孔明に「私の娘は色が黒いし美人ではないが、才能はあなたの妻としてふさわしい」と自分の娘を売り込んだ。

こうして孔明は彼女を妻としたのだが、これを聞いた郷里の者は、「孔明の嫁選びを真似てはならない。阿承の醜女をもらうことになる」と口々に言い、はやしたてたという。『三国志演義』では、第117回に登場する諸葛瞻《しょかつせん》のことを、孔明と黄氏の間に生まれた子だと紹介している。

百家《ひゃっか》、『六韜《りくとう》』、『商君書《しょうくんしょ》』を読み、知識を増すようにせよ」と戒めている。いよいよ臨終のときを迎えると、そばにいた魯王《ろおう》劉永《りゅうえい》に向かい、「私の死後、お前たち兄弟は丞相（孔明）を父と思って仕え、大臣たちが丞相に協力して事を成すように仕向けよ」と言ったのであった。

これらの言葉から、劉備がどれほど孔明を信頼していたかを見て取ることができよう。四月、劉備は永安宮《えいあんぐう》にて没した。六十三歳だった。

そして五月、劉禅がその跡を継いで、即位した。

◆新体制、発足

弱冠十七歳で皇帝に即位した劉禅は、父の

用語解説

『六韜』：古代中国の兵法書のひとつ。**『商君書』**：春秋戦国時代、秦に仕えた政治家商鞅の考えをまとめた書。**『魏略』**：魏の歴史を中心に記した書。のちに散逸し、清代に残存する部分が集められた。

遺言に従い、「政治は孔明に任せ、祭祀は朕《ちん》が行なう」と詔する（『魏略《ぎりゃく》』）。そして孔明を武郷侯《ぶきょうこう》に封じ、また益州《えきしゅう》の牧《ぼく》を任じた。牧とは、州全体の民政を司る職であるが、蜀が領していたのは益州のみだったので、実質的に孔明が、国政の一切を取り仕切ることとなった。

全権を委任された孔明は、まず積極的な人材登用を行なう。丞相府を置くと、掾《えん》（属官）として蔣琬《しょうえん》、費禕《ひい》、馬勲《ばくん》、李邵《りしょう》を、主簿《しゅぼ》（文書関係）として宗預《そうよ》、杜微《とび》を、別駕《べつが》（総務関係）として秦宓《しんふく》を、功曹《こうそう》（人事関係）として五梁《ごりょう》を任用した。彼らは劉備の代から蜀を支えた人物、地方の名望家、学者であり、孔明によってその篤実な人柄や才能を見込まれたのである。

次に孔明は「蜀科《しょくか》」と呼ばれる法典を編纂し、法に基づく公平かつ厳格な統治を敷いた。後漢時代の統治は儒教が中心に置かれ、法律が厳格に適用されずに力のある者の多少の不正は見逃され、政治が弛緩《しかん》する始末だった。孔明はそれを鑑み、蜀国内の綱紀粛正に取り組んだのである。

また孔明は、蜀の国力を高めるさまざまな諸政策を打ち出し、軍用の物資の調達につとめた。

こうして、孔明を中心とした蜀の新しいスタートが切られたのである。

劉禅を頂点とする蜀の新体制

223年５月、17歳で即位する。引き続き孔明を丞相とし、政治の諸事一切を委任。

劉禅から丞相に任ぜられるとともに、武郷侯に封じられる。また益州牧に任ぜられ、益州全体の政治を司る。

武官

・趙雲
・魏延
・馬謖
・李厳
・馬忠
・向朗

文官

・楊儀
・鄧芝
・陳震
・張裔
・董允
・郭攸之

丞相府

掾（属官）
・蔣琬
・費禕
主簿（文書関係）
・宗預
別駕（総務関係）
・秦宓
功曹（人事関係）
・五梁

蜀

諸葛孔明

二代にわたって蜀を支えた希代の軍師

◆晴耕雨読の日々

二代にわたって蜀皇帝を支え、『三国志』の英雄として現代も絶大なる人気を誇る孔明は、瑯邪《ろうや》郡陽都《ようと》県に生まれた。諸葛姓の由来については諸説あり、呉に仕えた韋昭《いしょう》が著わした『呉書』によると、もとは葛氏という姓であったが、のち陽都県に移住した際、この地に以前からあった葛という姓と区別するため、諸葛氏を名乗るようになったという。

『蜀書』によると、孔明は前漢元帝《げんてい》のときに司隷校尉《しれいこうい》となった諸葛豊《ほう》の子孫であり、後漢末に泰山《たいざん》の郡丞《ぐんじょう》となった珪《けい》を父とするが、豊から珪に至る系譜はよくわかっていない。

まだ幼いときに父母を相次いで亡くしたため、叔父の諸葛玄《げん》に引き取られ、荊州《けいしゅう》の南《なん》昌《しょう》へと赴いた（『献帝春秋《けんていしゅんじゅう》』）。

荊州では潁川《えいせん》の石韜《せきとう》、徐庶《じょしょ》、孟建《もうけん》らとともに師に従って遊学したが、友人らが字句の一言一句に至るまで詳しく調べていたのに対し、孔明は文章の大略をおさえるにとどめていたという。また、三人に向かって「君たちは仕官すれば刺史《しし》、郡守《ぐんしゅ》くらいにはなれるだろ

用語解説
石韜：生没年不詳。魏に仕え、郡守、典農校尉を歴任。**徐庶**：生没年不詳。最初劉備に仕えるも、曹操に母を捕らえられてしまったために魏に仕える。**孟建**：魏に仕え、涼州刺史、征東将軍を歴任。

mini column

天下三分の計を最初に唱えたのは誰？

劉備が孔明のもとを訪れた際、孔明は劉備に天下三分を進言した。これは曹操、孫権に対し、劉備が荊州・益州を掌中に収めることで天下を三分することができ、そののち孫権と同盟を結び、曹操に臨めば漢王朝を復興させることができるというものである。

じつは孔明に先んじて同様の戦略を提起していた者がいる。呉の魯粛《ろしゅく》である。魯粛は孫権に対し、次のように説いた。まず江東で地盤をしっかりと固めたのち揚州を拠点とし、荊州、益州を併合して曹操と対峙する。しかるのちに皇帝を名乗り、覇を唱えれば大業は成ると。しかし孫権は「私の力の及ぶところではない」としてこれを退けている。

う」と言った。三人がそんな孔明に対して「それならば君はどうなのだ」と聞くと、孔明はただ笑って答えなかったという逸話も残る。

その後、叔父の玄が政争に巻き込まれて亡くなったため、孔明は弟均《きん》とともに荊州に戻り、襄陽《じょうよう》の西、小高い丘陵地帯が広がる隆《りゅう》中《ちゅう》に居を構えた。そこでは晴耕雨読《せいこううどく》の日々を過ごし、ときには隠者《いんじゃ》が歌うという『梁父《りょうほ》吟《ぎん》』を口ずさんでいたという。

若き日の孔明は、このようにして草廬《そうろ》で雌伏のときを過ごす一方で、その志は高く、常に天下国家のあり方を考え、自らを斉《せい》の桓公《かんこう》の宰相管仲《かんちゅう》、燕《えん》の昭王《しょうおう》に仕えた名将楽毅《がっき》になぞらえていた。

当時の人々は誰もこれを信じなかったが、

用語解説

管仲：？－前645。春秋時代の斉の政治家。内政、外交面で桓公を支え、桓公を覇者にさせた。**楽毅**：生没年不詳。戦国時代の燕の武将。昭王に招かれて将軍となり、前284年に斉を撃ち破る。

ただ彼の仲間だけが孔明の才能を認め、臥龍《がりゅう》、すなわちまだ世に現われていない龍と称するようになったのである。

◆転機となった劉備との出会い

二〇七年、そんな孔明に大きな転機が訪れる。劉備が、いわゆる三顧《さんこ》の礼《れい》をもって孔明を幕営に迎えたのである。

このとき、孔明は劉備との会見の席で、漢王朝復興に向けての遠大な戦略を披露して劉備を驚かせた。まず中原《ちゅうげん》をおさえている曹操《そうそう》、江南《こうなん》に広い領土を有する孫権《そんけん》に並び立つために荊州を奪い、それを足がかりに益州《えきしゅう》を支配下に収め、天下を三分する。そののち孫権と誼《よしみ》を通じて魏を滅ぼし、そのあとで呉を滅ぼせば、漢王朝の復興を果たすことができる、と。この、俗に天下三分の計といわれる孔明の戦略は、劉備の心をたちまちのうちにとらえた。そして孔明は、劉備の幕臣として、天下統一に向けて邁進《まいしん》していくのである。

そんな孔明を『三国志』の著者陳寿《ちんじゅ》は、政治を含めあらゆることに精通し、物事を本質的にとらえることができる人物と評価する。一方で、公平な統治や刑罰を行なったため国内の人々は畏怖しながらも敬愛してやまなかったが、将軍として臨機応変の戦略には欠けていたのではないかとも記している。

諸葛氏系譜

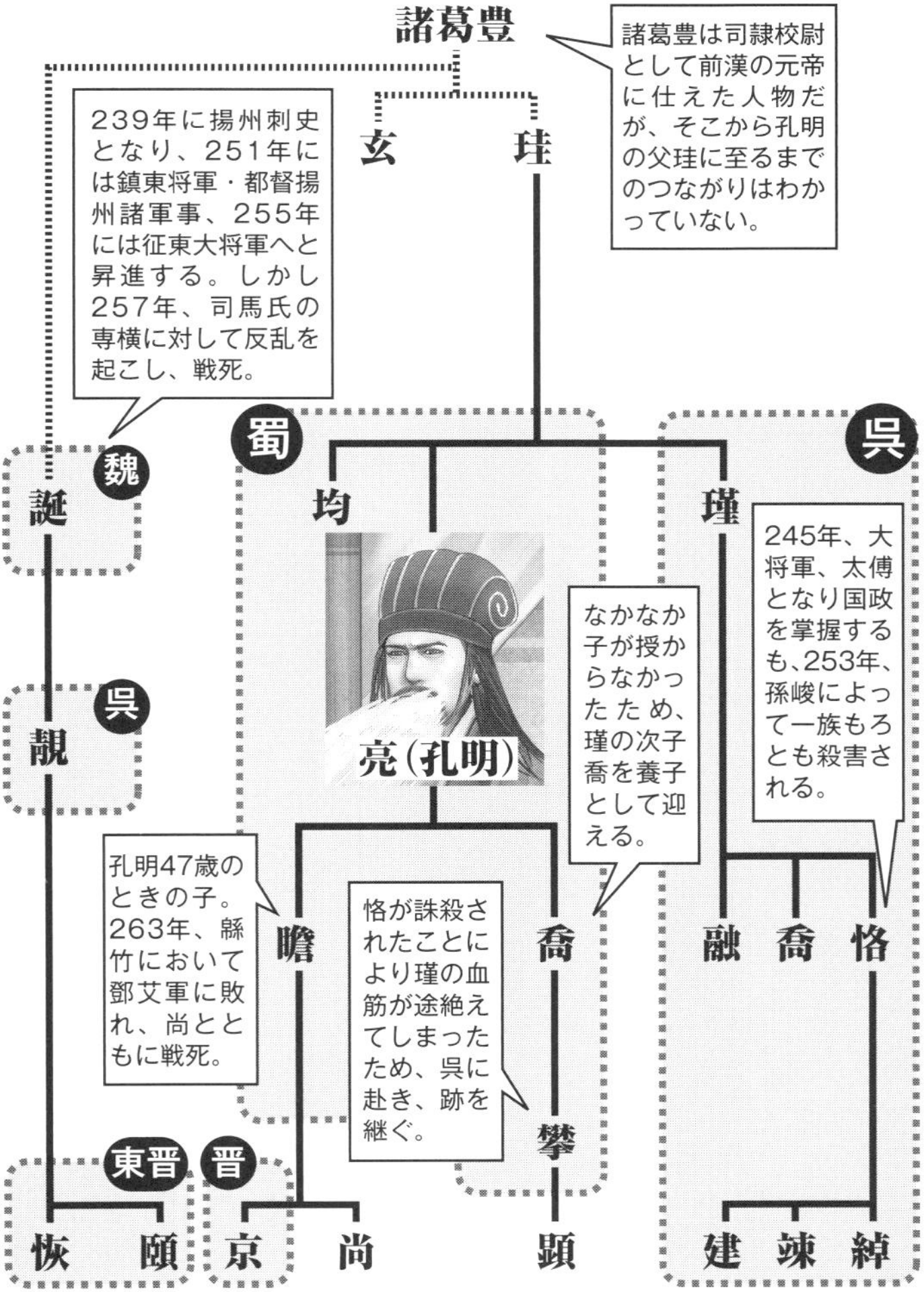

諸葛豊
諸葛豊は司隷校尉として前漢の元帝に仕えた人物だが、そこから孔明の父珪に至るまでのつながりはわかっていない。
玄
珪
239年に揚州刺史となり、251年には鎮東将軍・都督揚州諸軍事、255年には征東大将軍へと昇進する。しかし257年、司馬氏の専横に対して反乱を起こし、戦死。
魏
誕
蜀
均
亮(孔明)
呉
瑾
245年、大将軍、太傅となり国政を掌握するも、253年、孫峻によって一族もろとも殺害される。
なかなか子が授からなかったため、瑾の次子喬を養子として迎える。
呉
靚
孔明47歳のときの子。263年、緜竹において鄧艾軍に敗れ、尚とともに戦死。
瞻
恪が誅殺されたことにより瑾の血筋が途絶えてしまったため、呉に赴き、跡を継ぐ。
喬
融
喬
恪
攀
東晋
晋
恢
頤
京
尚
顕
建
竦
綽

諸葛氏は魏、蜀、呉のいずれの国においても高位高官に昇る人物を輩出した。

蜀 蜀呉同盟

二二三年、呉に赴き、孫権の信を得た鄧芝の活躍

◆呉との同盟

劉備の死後、魏の諸大臣が孔明のもとに降伏を求める手紙を相次いで送ってきた（『諸葛亮集』）。孔明はこれに返答せず、その一方で、呉との関係について頭を悩ませていた。夷陵《いりょう》の戦いののち、孫権が劉備のもとに和睦の使者を派遣したため、両者の関係は一応修復された状態にはあった。

しかし劉備の死を知った孫権はおそらく異心を抱くのではないか、そう孔明は心配していたのである。

そんなとき、やはり呉との同盟を強く主張した人物がいた。鄧芝《とうし》である。鄧芝は字を伯苗《はくびょう》といい、義陽《ぎよう》郡新野《しんや》県の人である。劉備が益州を平定すると、邸閣《ていかく》の督《とく》（食糧貯蔵庫の監督）となった。あるとき劉備と語らう機会があり、劉備にその人柄を高く評価されると県令《けんれい》に抜擢され、さらには広漢《こうかん》太守へと昇進を果たす。公平厳正な態度でそれぞれの任地で実績をあげたため、中央の尚書《しょうしょ》となり、国政の重要な任務を担うまでに

用語解説　**夷陵の戦い**：221年7月、関羽の弔いのため劉備が呉へと進攻するも、222年6月、夷陵で陸遜に大敗を喫する。

なった。
孔明はこの鄧芝の人物と見識を信頼し、呉と同盟を結ぶべく、使者として派遣したのであった。

◆鄧芝の説得

ところが、呉に至った鄧芝は、孫権に会見を拒否されてしまう。そこで「私が呉に参ったのは、蜀ばかりではなく呉のためにもなることを願っている」と自ら上奏し、孫権との会見にこぎつけたのである。

案の定、孫権は蜀との同盟に消極的な態度を示すも、鄧芝は「蜀は幾重にも重なった険《けん》峻《しゅん》な山に囲まれた要害の地であり、呉には三江の隔てがございます。ともに協力すれば、天下の併呑《へいどん》が可能でしょうし、悪くとも三国鼎立は可能です。しかし大王（孫権）が魏に従えば、必ずや魏は大王の入朝を求め、はては太子の宮仕えを求めるに違いありません。もしそれを拒めば、討伐にやってくることでしょうし、蜀もまた、呉を攻めることになりましょう。するとこの江南の地は二度と大王の手には戻らなくなります」と熱弁をふるった。この鄧芝の説得に孫権は心を打たれ、蜀との同盟を決し、自ら魏との関係を絶ったのである。

蜀 南蛮進攻

二二五年、孔明が意図した南中征討による国力増強

◆七度捕らえた孟獲との戦い

蜀の敵は、魏や呉といった大国だけではなかった。蜀の政権交替の不穏な情勢に乗じ、南中《なんちゅう》地区の諸部族が蜀に対して反乱を起こしたのである。

南中地区は蜀の南部、現在の雲南《うんなん》省、貴州《きしゅう》省及び四川《しせん》省西南部にまたがる広大な一帯で、漢人とは異なる多くの異民族が住んでいた。

すでに前漢武帝《ぶてい》の時代の前一世紀から南中の支配は始まり、このとき牂柯《そうか》郡、越巂《えっすい》郡、益州郡が置かれた。さらに後漢明帝《めいてい》の時代の一世紀に、永昌《えいしょう》郡が置かれ、南中四郡として支配されるに至る。

蜀では宥和《ゆうわ》政策をもってこれにあたり、南中地区の安定につとめた。

ところが、劉備の死という蜀国内の混乱に乗じ、益州郡の豪族雍闓《ようかい》が蜀に反旗を翻したのである。

二二五年春、魏が呉に進攻したとの情報を得た孔明は、この機に自ら軍を率いて南中征

用語解説　『**襄陽記**』：東晋の習鑿歯（しゅうさくし）が編纂した襄陽郡の地方誌。

討を行なった（『襄陽記《じょうようき》』）。
孔明は南中征討に際し、ある策をもって臨んでいた。

出立前、孔明がその才能を高く認めていた馬謖《ばしょく》が「武力でもって南中の部族を従えても大軍が撤退すればまた背くでしょう。そもそも用兵の道は、心を攻めることを上策とし、城を攻めることを下策とします」と進言していた。

つまり力ずくの武力平定ではなく、南中地区の人々の心を得ることで、初めて安定を得ることができるというわけである。

孔明はこの策を容《い》れ、秋にはこれを平定した。

正史にはその戦いは詳しく記されていないが、『漢晋春秋《かんしんしゅんじゅう》』に南蛮《なんばん》王孟獲《もうかく》を心服させ

mini column

饅頭《まんとう》のはじまり

小麦粉で練った生地のなかに肉や野菜を入れ、蒸して食べる饅頭は、じつは孔明が考えたものだと伝わる。『漢晋春秋』によると、孔明が南中地区に進軍したとき、「この蛮地では人を殺してその首を祀らなければ勝利できないという風習があり、これに従わねばならない」と教えられた。そこで孔明は小麦粉で人の頭をつくり、そのなかに牛や羊の肉を練った具を入れさせると、それを首の代わりに供えて祀らせ、この悪習をやめさせたという。これを「蛮頭《ばんとう》」といい、のちに「饅頭」と呼ばれるようになったとされる。

宋の高承《こうしょう》の『事物起源《じぶつきげん》』では、孔明が「饅頭」の祖とされている。

用語解説

『漢晋春秋』：後漢光武帝（こうぶてい）から西晋愍帝（びんてい）までの歴史を記した書。東晋の習鑿歯（しゅうさくし）が著わした。

た話が収められている。

孔明は行く先々で戦勝をおさめ、南蛮王孟獲を生け捕りにした。孔明は孟獲に服従するよう説得するが、孟獲が拒んだため、これを釈放した。

このようなことが七回繰り返され、孔明がそれでも釈放を言い渡したとき、孟獲は「あなたは天の威光をお持ちだ。我ら南中の民は二度と背かないでしょう」と服従を誓ったのである。このエピソードは、『三国志演義』に詳しく描かれ、よく知られるところとなっている。

◆南中征討の真の目的

孔明自ら軍を率いて南征を行なったのには、魏への進攻の際、後顧の憂いを断つとともに南中地区の豊富な物資を獲得するという目的があった。

実際、後述する魏への北伐において、孔明は蜀国内の人民からは金銭を徴収せず、南中地区の人々に税を課すことでその費用を賄《まかな》ったのである。

蜀の国民はこれに万来の拍手を送り、孔明の手腕を讃えるようになったが、一方で圧政を強いられた南中地区の人々の思いはいかばかりのものであっただろうか。想像に難《かた》くない。

孔明の南蛮遠征

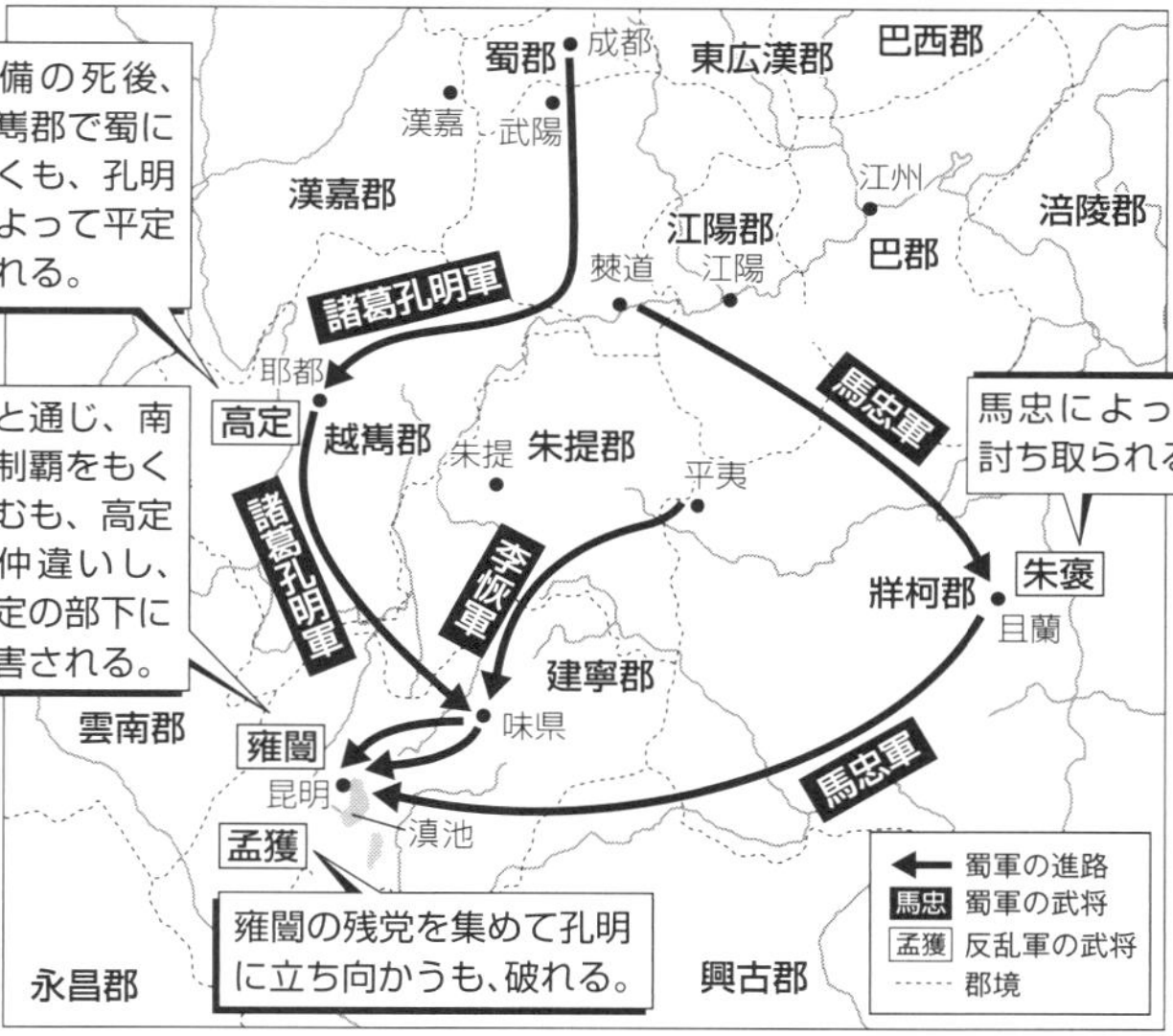

演義に描かれた孟獲の「七縦七擒《しちしょうしちきん》」

1回目
敗走と見せかけた蜀軍を深追いし、孟獲は魏延に捕らえられる。

←

2回目
南蛮3元帥のうち、董荼那と仲違いし、董荼那によって生け捕られる。

←

3回目
夜襲をかけるも逆に包囲され、馬岱に生け捕られる。

←

4回目
落とし穴にはまり、捕らえられる。

5回目
酒宴の最中に味方に裏切られ、捕らえられる。

←

6回目
偽装降伏するも孔明に見破られ、捕らえられる。

←

7回目
馬岱に捕らえられ、ここにきて孔明に心服。服従を誓う。

孟獲の「七縦七擒」について、演義では4回にわけて語るも正史には触れられず、わずかに注で説明がなされるにとどまる。

魏

曹叡の即位　二二六年に即位した、才気あふれる皇帝

◆曹操に愛された孫

二二六年五月、漢を滅ぼし魏を興《おこ》した曹丕《そうひ》が、在位七年、四十一歳の若さで没し、皇太子の曹叡《そうえい》がその跡を継いだ。

曹叡は五、六歳のころから才気にあふれ、祖父の曹操にとくにかわいがられた。博学多才で、とくに記憶力に優れ、一度見聞したことは忘れなかったという。十五歳のときに武《ぶ》徳侯《とくこう》となり、二二一年に斉公《せい》、二二二年に平原王《へいげん》となっている。

このように非常に優秀な曹叡であったが、皇太子となったのは曹丕の病が篤くなってからのことだった。

『魏末伝《ぎまつでん》』は次のような話を伝える。

あるとき、曹丕と曹叡が狩猟に出かけた際、子を連れた母鹿に出会い、曹丕はその母鹿を射殺した。そして曹叡に子鹿を射させようとしたところ、「陛下が母を殺しておしまいになられたのに、この上その子を殺すことなどできません」と言い、涙を流した。

用語解説　『魏末伝』：魏末期の事件、事柄を記す。作者不明。

曹叡即位後の新体制

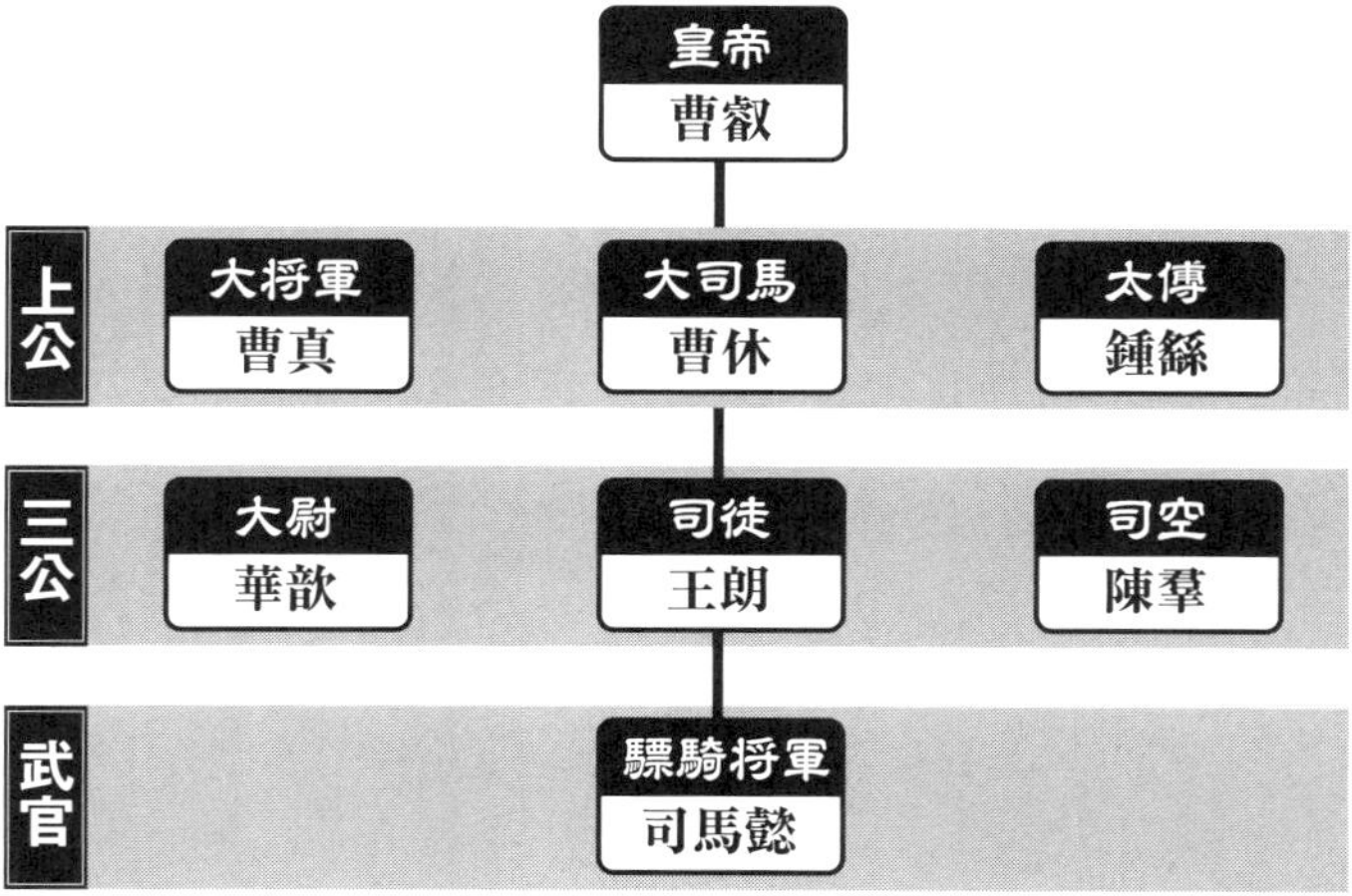
皇帝
曹叡
上公
大将軍
曹真
大司馬
曹休
太傅
鍾繇
三公
大尉
華歆
司徒
王朗
司空
陳羣
武官
驃騎将軍
司馬懿

これを聞いた曹丕は、即座に弓矢を捨てたという。

じつは曹丕は、曹叡の母甄《しん》皇后を自殺に追いやったという過去を持つ。そのこともあり、曹叡の機転を高く評価するようになり、太子に立てる決意をしたのである。

即位した曹叡は、二二六年十二月、鍾繇《しょうよう》を太傅《たいふ》に、曹休《そうきゅう》を大司馬《だいしば》に、曹真《そうしん》を大将軍《だいしょうぐん》に、華歆《かきん》を太尉《たいい》に、王朗《おうろう》を司徒《しと》に、そして司馬懿《しばい》を驃騎《ひょうき》将軍に任じた。そして曹丕から後事を託された曹休、曹真、司馬懿を方《ほう》鎮《ちん》の任として洛陽《らくよう》から転出させ、親政に意欲を燃やしたのであった。

このとき曹休は淮南《わいなん》郡（対呉）、曹真は関《かん》中《ちゅう》（対蜀）、司馬懿は荊州、豫《よ》州方面の軍事権を委ねられた。

用語解説

甄皇后：182—221。袁熙（袁紹の次子）の元妻。204 年に曹操が鄴を占領した際、曹丕に見初められ、曹丕の妻となる。

魏

司馬仲達

魏滅亡の端緒を開いた陰険な策謀家

◈「非常の器」と呼ばれた神童

孔明と死闘を繰り広げ、晋《しん》王朝の系譜の初めに名を連ねる司馬懿（字は仲達）という男は一体どのような人物だったのか。

司馬懿は後漢末期の一七九年、河内郡《かだいぐん》に生まれた。『晋書《しんじょ》』によると、河内郡は司馬氏の本貫《ほんがん》であり、秦《しん》滅亡後に各地に分封された項羽《こうう》、劉邦《りゅうほう》ら十八王のひとり殷王《いんおう》司馬卬《しばぎょう》の子孫が住み着いたと伝わる。京兆尹《けいちょういん》として後漢に仕えた司馬防《しばぼう》の次子として生を受けた司馬懿は成人前から「非常の器」と称されるほどの人物で、曹操に仕えた兄司馬朗《しばろう》の同僚・崔琰《さいえん》は、「聡明さと決断の鋭さは君（司馬朗）が及ぶところではない」と評したという。

司馬懿が曹操に招聘されたのは、二十三歳のときである。このころの曹操は袁紹《えんしょう》を破り、まさに破竹の勢いで勢力を拡大していた。そして優れた人物を登用すべく網を各地に張り巡らせていたところ、謀臣荀彧《じゅんいく》が司馬懿を曹操に薦めたのである。

ところが司馬懿は、風痺《ふうひ》を理由に曹操への出仕を断った。『晋書』によると、漢朝の命

用語解説 **『晋書』**：唐の房玄齢（ぼうげんれい）らが編纂した、晋王朝一代の歴史をまとめた書。**京兆尹**：長安近郊を管轄する行政長官。

mini column

司馬家の八達《はったつ》

司馬懿の父は司馬防といい、公平で方正、質朴な性格を持った人物であった。その司馬防には司馬懿を含めて８人の息子がおり、その子らを常に礼に則って厳格に育てた。そのため子らは成人となっても、命じられない限りは司馬防の前に進み出ず、座らず、また問いかけと関係のないことは一言も話さなかったという。

みな優秀で、長兄から順に「伯達《はくたつ》」「仲達《ちゅうたつ》」「叔達《しゅくたつ》」「季《き》達《たつ》」「顕達《けんたつ》」「恵達《けいたつ》」「雅達《がたつ》」「幼達《ようたつ》」と、それぞれ字に「達」がつけられていたため、敬意を込めて「司馬家の八達」と称された。ここから、優秀で立派な兄弟のことを「司馬家の八達」というようになった。

運が衰微しているいま、曹操に仕えることを潔しとしなかったとある。これに対して曹操は仮病で出仕を断ったと見た。そこである夜、ひそかに人を遣って司馬懿の身体を剣でいまにも刺す仕草をさせたのである。すべてを察した司馬懿は、寝たまま体を少しも動かさなかったという。

しかし二〇八年、曹操からの半ば強引な招聘を断ることができず、ついに曹操に仕えることになったのである。当初はやむを得ず曹操に仕えた司馬懿だったが、次第にその存在感を増していき、東曹掾《とうそうえん》、主簿、司馬と出世を重ねていった。

曹操が魏王に即位した二一六年には太子《たいし》中庶子《ちゅうしょし》となり、曹丕の信頼を得るようになる。

用語解説　**風痺**：関節リウマチのこと。

曹丕が帝位に即くと、司馬懿は撫軍《ぶぐん》大将軍、録尚書事《ろくしょうしょじ》となり、曹丕の右腕として国政を支えた。「私が東征したときは、君（司馬懿）は留守居役として西方の問題に対処し、私が西征したときには、君は東方の問題に対処してほしい」との曹丕の言葉から、司馬懿に対する絶大な信頼を読み取ることができる。

◆「狼顧の相」を持つ策謀家

ところがこの司馬懿という人物、表面は寛大で鷹揚《おうよう》に見えたが、その内面は猜疑心《さいぎしん》に満ちた策謀家だった。曹操は司馬懿の才能に一目を置く一方、警戒の心を緩めることをしなかった。かつて曹操は、司馬懿には「狼顧《ろうこ》の相《そう》」があるということを耳にし、その真偽を確かめるため、司馬懿に前を歩かせて振り向かせたところ、体はそのままで顔だけくるりと真後ろを向いた。狼顧とはもともとは狼が背後を警戒していつも後ろを振り返っていることを表わした言葉だが、司馬懿の人間離れした所業に、曹操は「あいつは他人の臣下でいる奴ではない」と曹丕に注意を促している。

また、あるとき曹操は三頭の馬が同じ桶に頭を突っ込んで餌を食べている夢を見た。三頭の馬とは司馬懿、司馬師《しばし》、司馬昭《しばしょう》を暗示するもので、曹操は曹丕に「司馬懿に家を乗っ取られるぞ」と言ったという。

司馬氏の系譜

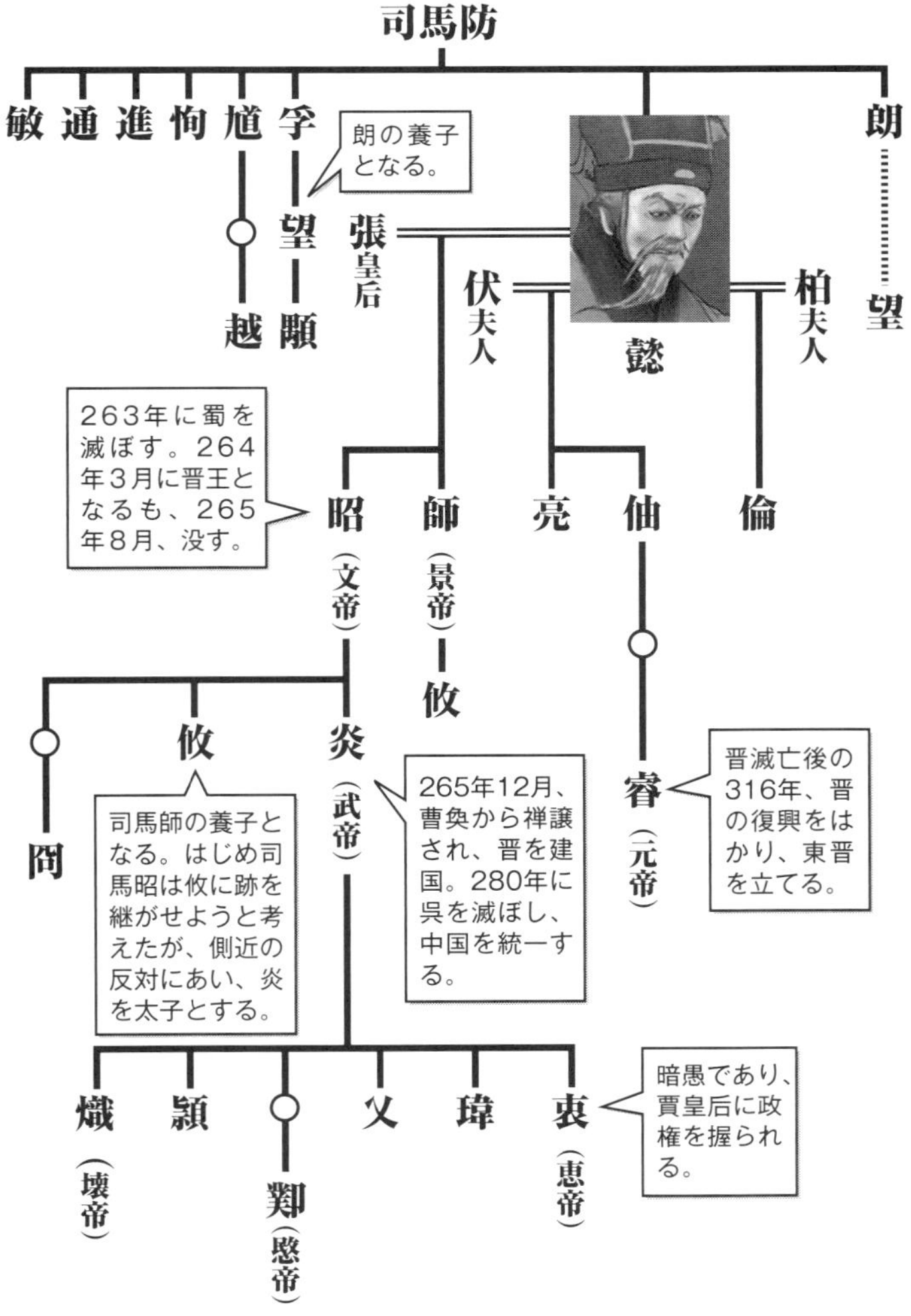

司馬防
敏
通
進
恂
馗
孚
朗
朗の養子となる。
望
越
顒
張皇后
伏夫人
懿
柏夫人
望
263年に蜀を滅ぼす。264年3月に晋王となるも、265年8月、没す。
昭（文帝）
師（景帝）
亮
伷
倫
攸
睿（元帝）
冏
攸
炎（武帝）
司馬師の養子となる。はじめ司馬昭は攸に跡を継がせようと考えたが、側近の反対にあい、炎を太子とする。
265年12月、曹奐から禅譲され、晋を建国。280年に呉を滅ぼし、中国を統一する。
晋滅亡後の316年、晋の復興をはかり、東晋を立てる。
熾（懐帝）
穎
鄴（愍帝）
乂
瑋
衷（恵帝）
暗愚であり、賈皇后に政権を握られる。

蜀

「出師の表」

二二七年、北伐軍を起こした孔明の決意表明

◆漢王室復興へ向け、北伐軍始動

二二六年に曹丕が没し、曹叡が即位すると、孔明はこの混乱に乗じて魏を討とうと思い立つ。そして二二七年三月、ついに北伐《ほくばつ》軍を起こしたのであった。

孔明は出陣に先立ち、自らの思いをしたためた決意表明書を劉禅に奏上した。それが「出師《すいし》の表《ひょう》」である。

◆決意を述べた「出師の表」

その内容は次の通りである。

まず冒頭で、天下を三分して蜀を建国したとはいえ、蜀は疲弊し、建国以来最大の危機が迫っていると悲観的な内容が展開される。

しかし文官は内政に励み、武将たちも命を惜しまず働いていると説く。内政では侍中《じちゅう》・侍郎《じろう》の郭攸之《かくゆうし》、費禕《ひい》、董允《とういん》らを、軍事では将軍向寵《しょうちょう》を信頼すれば蜀は隆盛を遂げると言

い、優れた人物を重用し、小人物を遠ざけたから前漢は興隆し、また小人物を重用し、優れた人物を遠ざけたから後漢が衰微したのだと劉禅に説いた。

そして自らの半生を振り返り、劉備が三顧の礼をもって手厚く迎えてくれ、崩御にあたってはわが身に国家の大事をお任せになったと述懐する。

その先帝（劉備）の意向に応えたいと日夜奮闘してきたが、南方の憂いがなくなり、軍備も十分に整ったいまこそ、中原を平定する絶好の機会であると主張し、漢王室を復興し、旧都である洛陽《らくよう》を取り戻すことが先帝（劉備）のご恩に報い、陛下（劉禅）に忠義を尽くすためにも果たさなければならない職務なのだと強調。どうか自分に賊を討伐し、漢王室を復興する功績を任せてほしいと願い出た。

最後に孔明は、「私は深く先帝から受けた恩を思い起こすと、感激の心でいっぱいです。いま、遠く旅立つにあたり、この決意表明を前にすると、涙があふれ出て申し上げる言葉もないほどです」と、自分自身の切々たる思いを吐露し、この決意表明書を締めくくっている。

この孔明の忠を語る「出師の表」は、古来、名文として語り継がれており、これを読んで涙を流さないものは不忠であるとまでいわれた。

劉備悲願の漢王室の復興へ。いよいよ孔明が、魏との戦いに臨む。

蜀

街亭の戦い

二二八年、大敗の原因となった馬謖を斬る

◆策に溺れた馬謖

「出師の表」を奉った孔明は、五万の兵を率いて漢中《かんちゅう》の地に駐屯すると、陽平郡《ようへい》の石馬県《せきば》に陣を構えた。しかし孔明は、その後何の動きも示さず、二二八年春、ようやく北伐に乗り出したのだった。

孔明はまず趙雲《ちょううん》、鄧芝《とうし》の二将の軍を斜谷道《やこくどう》を進ませて箕谷《きこく》に布陣させ、あたかも郿《び》県を奪うと見せかけた。

この擬兵の動きに惑わされた魏では、曹真を大将として主力を郿県に集結させる。

孔明はこの隙を突き、南鄭《なんてい》から北上し天水《てんすい》方面に向かい、祁山《きざん》を攻撃した。するとこの蜀軍の攻撃に恐れおののいた天水、南安、安定《あんてい》の三郡が魏に背き、なんと孔明に呼応したのである。

『魏略』によると、劉備亡き後、魏では蜀を侮って備えを怠っていたため、孔明の出兵に動揺した三郡がたちまち寝返ったのだという。

用語解説

趙雲：？－229。遼西をおさめた公孫瓚（こうそんさん）に仕えたのち、劉備に仕える。以後、関羽、張飛とともに武勇で劉備を支えた。

街亭の戦い要図

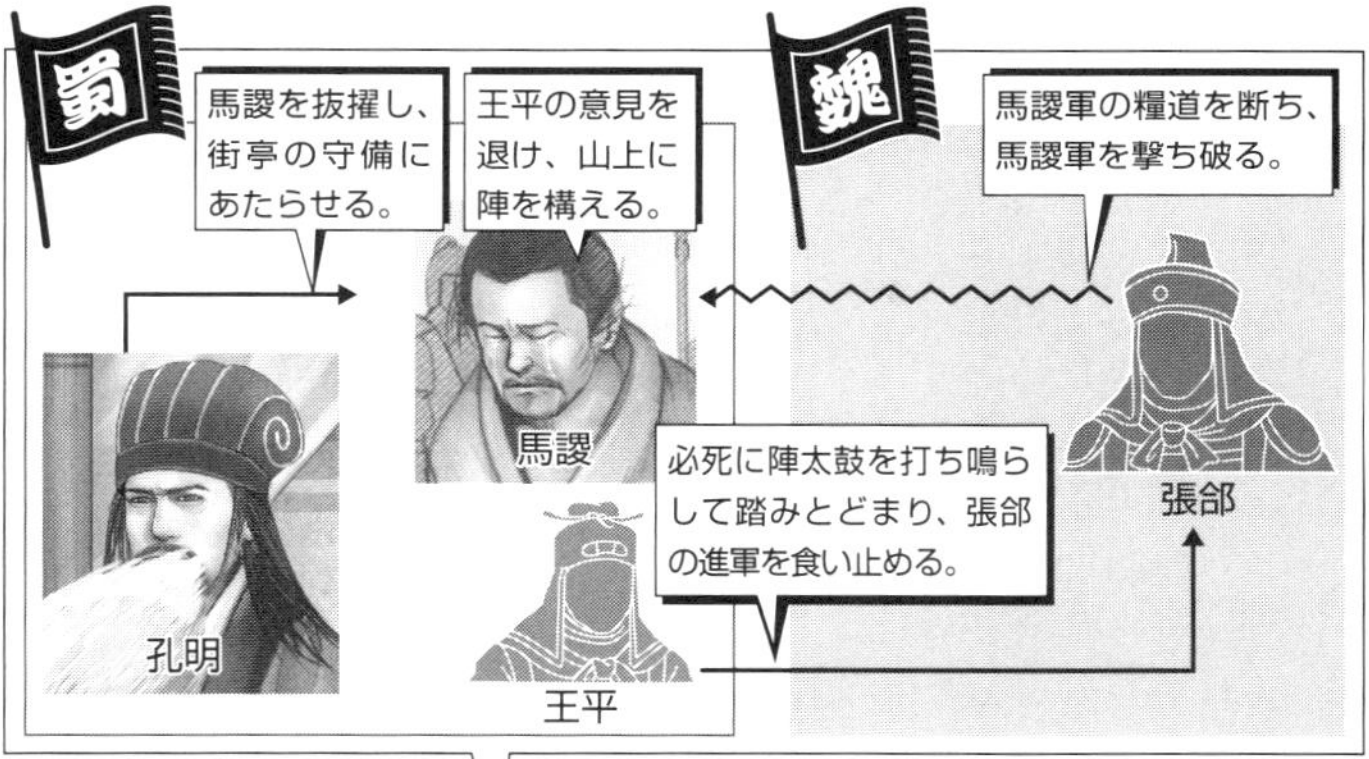
蜀
馬謖を抜擢し、街亭の守備にあたらせる。
王平の意見を退け、山上に陣を構える。
魏
馬謖軍の糧道を断ち、馬謖軍を撃ち破る。
馬謖
孔明
必死に陣太鼓を打ち鳴らして踏みとどまり、張郃の進軍を食い止める。
張郃
王平

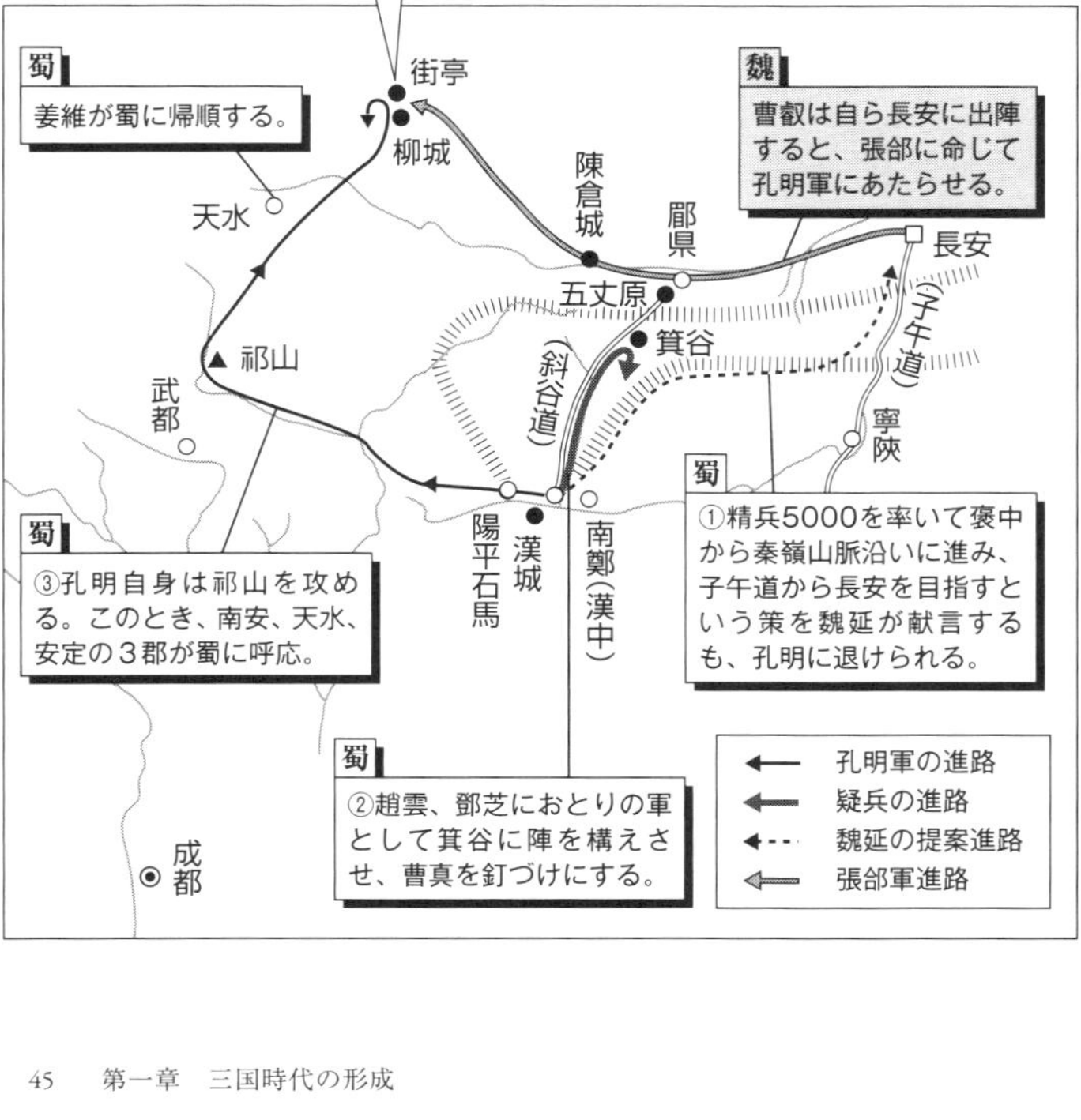
蜀
姜維が蜀に帰順する。
街亭
柳城
魏
曹叡は自ら長安に出陣すると、張郃に命じて孔明軍にあたらせる。
天水
陳倉城
郿県
長安
五丈原
箕谷
（斜谷道）
（子午道）
祁山
武都
寧陝
陽平石馬
漢城
南鄭（漢中）
蜀
①精兵5000を率いて褒中から秦嶺山脈沿いに進み、子午道から長安を目指すという策を魏延が献言するも、孔明に退けられる。
蜀
③孔明自身は祁山を攻める。このとき、南安、天水、安定の３郡が蜀に呼応。
蜀
②趙雲、鄧芝におとりの軍として箕谷に陣を構えさせ、曹真を釘づけにする。
成都
孔明軍の進路
疑兵の進路
魏延の提案進路
張郃軍進路

しかし、曹叡は至って冷静だった（『魏書』）。「蜀は山を頼りとして守りを固めていたのに、自分から出撃してくるのは兵法にいう『人を致《まね》く術』に合致する。この機会を利用すれば、必ずや諸葛亮を撃破することができる」。

そう言うと自ら長安に赴き、当時荊州で呉軍と対峙していた張郃《ちょうこう》に歩騎五万を率いさせ、孔明の軍にあたらせたのである。

この動きに対して孔明は、諸将の反対を顧みず、馬謖を先鋒に抜擢し、街亭《がいてい》をおさえさせた。

ところが、この孔明の決断が思わぬ事態を招いた。

馬謖は兵法などには熟知した戦略家ではあったが、実戦経験には乏しかった。街亭に赴いた馬謖は孔明の命に背き、また副将王平《おうへい》の度重なる進言をも退け、山上に陣を構えてしまったのである。

馬謖軍の布陣を見た張郃は、直ちに山を包囲し、馬謖軍の水路と糧道を断った。馬謖軍はたちまち飢えとのどの渇きに苦しめられ、やむを得ず討って出たものの、一度刀を交えただけであえなく潰走《かいそう》。馬謖も逃亡せざるを得なかった。

このとき王平率いる軍が陣太鼓を必死に打ち鳴らしながら踏みとどまったため、張郃は伏兵が配置されていると考え、進軍を思いとどまった。王平の機転により、何とか全滅を

用語解説

『人を致く術』：孫子の兵法第６篇虚実篇。自分の思い通りに相手を動かし、相手の思い通りには動かされないというもの。**張郃**：？－231。韓馥（かんふく）、袁紹に仕えたのち、曹操に降る。

免れることができたのである。

王平はその隙に敗残兵をまとめ、退却している。

こうして、孔明の第一次北伐は失敗に終わった。

◈泣いて馬謖を斬った孔明

敗戦後、孔明は軍規に違反した馬謖に処刑を命じた。

このとき蔣琬《しょうえん》はこの処刑を止めようとしたが、孔明は「孫武《そんぶ》が天下をよく制したのは法の運用が明確であったからだ。もし法律を無視したならば、どうして逆賊を討つことができようか」と涙を流したと伝わる。

『襄陽記《じょうようき》』によると、馬謖は最後に孔明に手紙を送り、遺児にも自らと同じく親しく交わってくれるよう望み、孔明はそれに応じたという。

その後、孔明は街亭での敗戦の責はすべて自分にあるとし、劉禅に対して三階級の降格を願い出た。

劉禅はその意に従い孔明を右将軍《ゆう》へと落としたが、丞相の職務は余人をもって代えることができないため、孔明を行丞相事《ぎょうじじょうしょうじ》に任命し、以前と変わらぬ職務を行なうよう命じたのであった。

用語解説
孫武：春秋時代の兵法家で、呉王の闔閭（こうりょ）に仕える。『孫子』の兵法書の作者であるとされる。

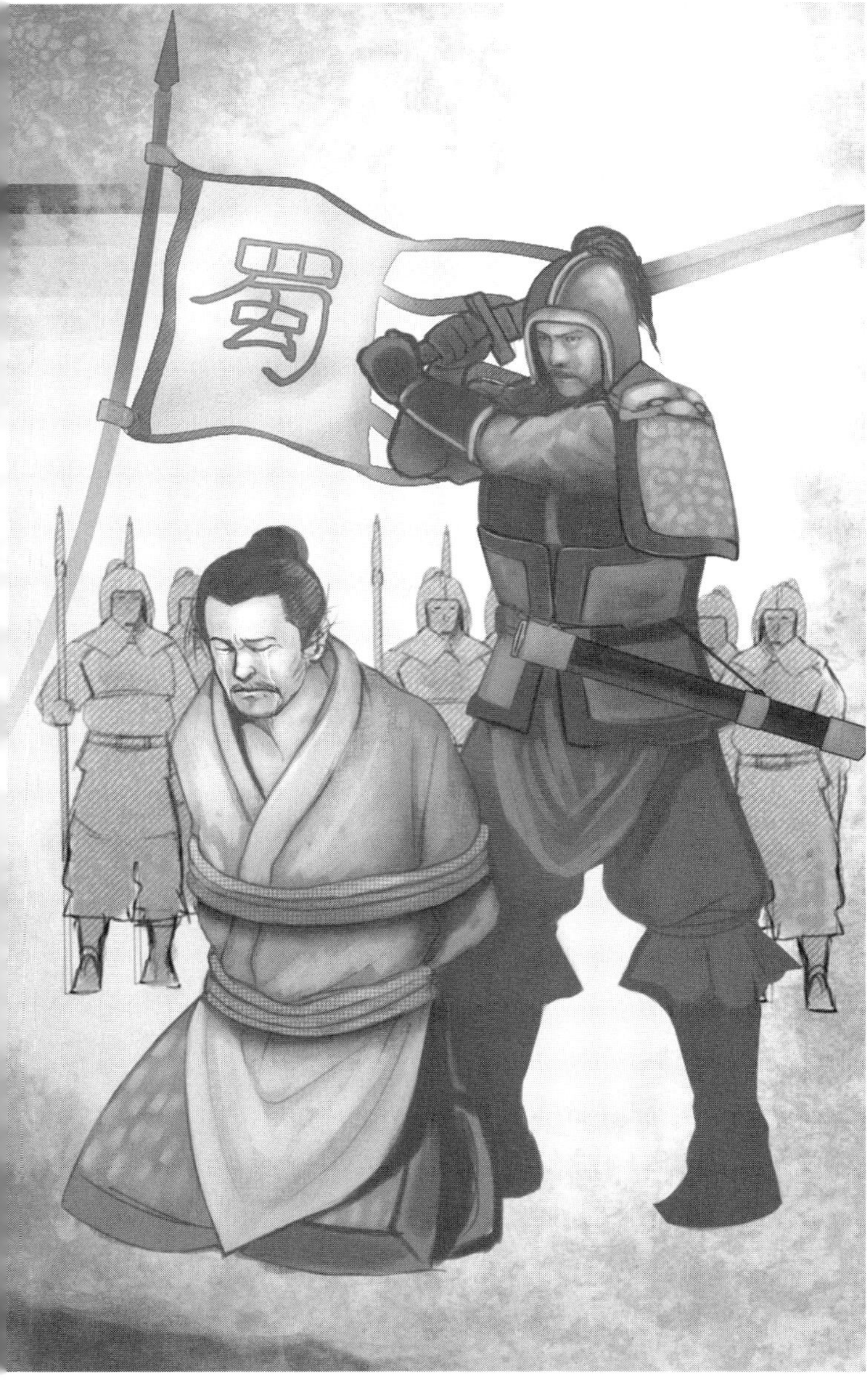
蜀

馬謖の死

街亭の戦いで、馬謖が孔明の指示に背いた行動をとったことで、蜀軍は大敗を喫した。孔明は軍規に違反した馬謖に処刑を科し、「泣いて馬謖を斬った」。

蜀

姜維の帰順

二二八年に孔明に帰順した「涼州最高の人材」

◆行き場を失った姜維

孔明の第一次北伐は失敗に終わったが、そのなかにあって大きな戦果もあった。姜維《きょうい》の帰順である。

姜維は天水郡冀《き》県の人で、字を伯約《はくやく》という。はじめ郡に出仕して上計掾《じょうけいえん》となり、州に召されて従事《じゅうじ》となった。その後、かつて羌《きょう》族の反乱鎮圧で戦死した父の功績が評価されて中郎《ちゅうろう》の官を与えられ、郡の軍事に携わることになった。

その姜維が蜀の第一次北伐の報に接したのは、天水太守馬遵《ばじゅん》の巡察に随行していたときであった。二二八年のことである。

孔明の軍が祁山を攻め、それを恐れた諸郡が次々と呼応していると知った馬遵は慌てふためく。そして姜維らも裏切っているのではと疑い、夜半にこっそりと逃亡し、上邽《じょうけい》城に立てこもってしまう。

馬遵の逃亡に気づいた姜維らは追いかけたが、城門を開けてもらえず、中に入れてもらえなかった。

そこでやむなく冀県へと戻った姜維らであったが、そこでも受け入れられなかった。こうして行き場を失った姜維は、孔明のもとにはせ参じたのである。このとき、姜維は二十七歳だった。

孔明は姜維を倉曹掾《そうそうえん》とし、奉義《ほうぎ》将軍の官位を与えて当陽亭侯《とうようていこう》に封じた。『雑記《ざっき》』によると、蜀に入国した姜維は母と生き別れになってしまった。のちに母から家に帰ってほしいという手紙が届いたが、姜維は「将来の希望を追うものは故郷に帰る気持ちは持たない」と返事をして断ったという。

◆孔明の後継者候補

そんな姜維を、孔明はとりわけ気に入っていたようだ。

姜維を迎えた孔明は、留府《りゅうふ》長史張裔《ちょうえい》と参軍蔣琬に次のような手紙を送っている。「姜維は与えられた仕事を忠実に務め、思慮も精密深く、涼《りょう》州における最高の人物である。軍事にも精通し、度胸があって兵士の気持ちもよく理解している」。

このように孔明にその才を愛された姜維は、以降、孔明の北伐に従軍することとなり、蜀に欠かせない人材となっていく。

用語解説 **『雑記』**：魏晋南北朝時代の歴史家孫盛（そんせい）が、三国時代の異説について取り上げた書。

蜀

陳倉の戦い

二二八年、孔明、わずか千人余りで守る城をおとせず

◆「後出師の表」の上奏

二二八年八月、穀倉地帯である淮南の回復をもくろみ、呉の孫権が兵を起こした。石亭《せきてい》で魏軍とぶつかった孫権は、これをことごとく撃破。大勝をおさめたのである。

孔明はこの報を聞くと、司馬懿や張郃など魏の主力が東下し、関中の防備が手薄となっている機に乗じ、再度の北伐を決意した。十一月、その出立に先立ち、「後《ご》出師の表」を奏上した。これは正史にはなく呉の張儼《ちょうげん》著『默記《もくき》』にのみ伝えられるため、真偽のほどは定かではない。劉備が抱いた漢王室復興という王業は、蜀のような西辺の地では実現できないと強調し、北伐への覚悟と心意気を表明している。

十二月、孔明は蜀軍を従えて出陣した。漢中を出た孔明は、数万の兵でもって陳倉《ちんそう》城を取り囲んだ。このとき城を守っていたのは、雑号《ざつごう》将軍郝昭《かくしょう》である。郝昭は持ち前の勇敢さで部隊長になり、たびたび戦功を立て、河西《かさい》一帯を十年にわたって治めてきた武勇の将軍である。とはいえ石亭の敗北で魏はすぐには兵力を整えることができず、このとき陳倉城

陳倉の戦い要図

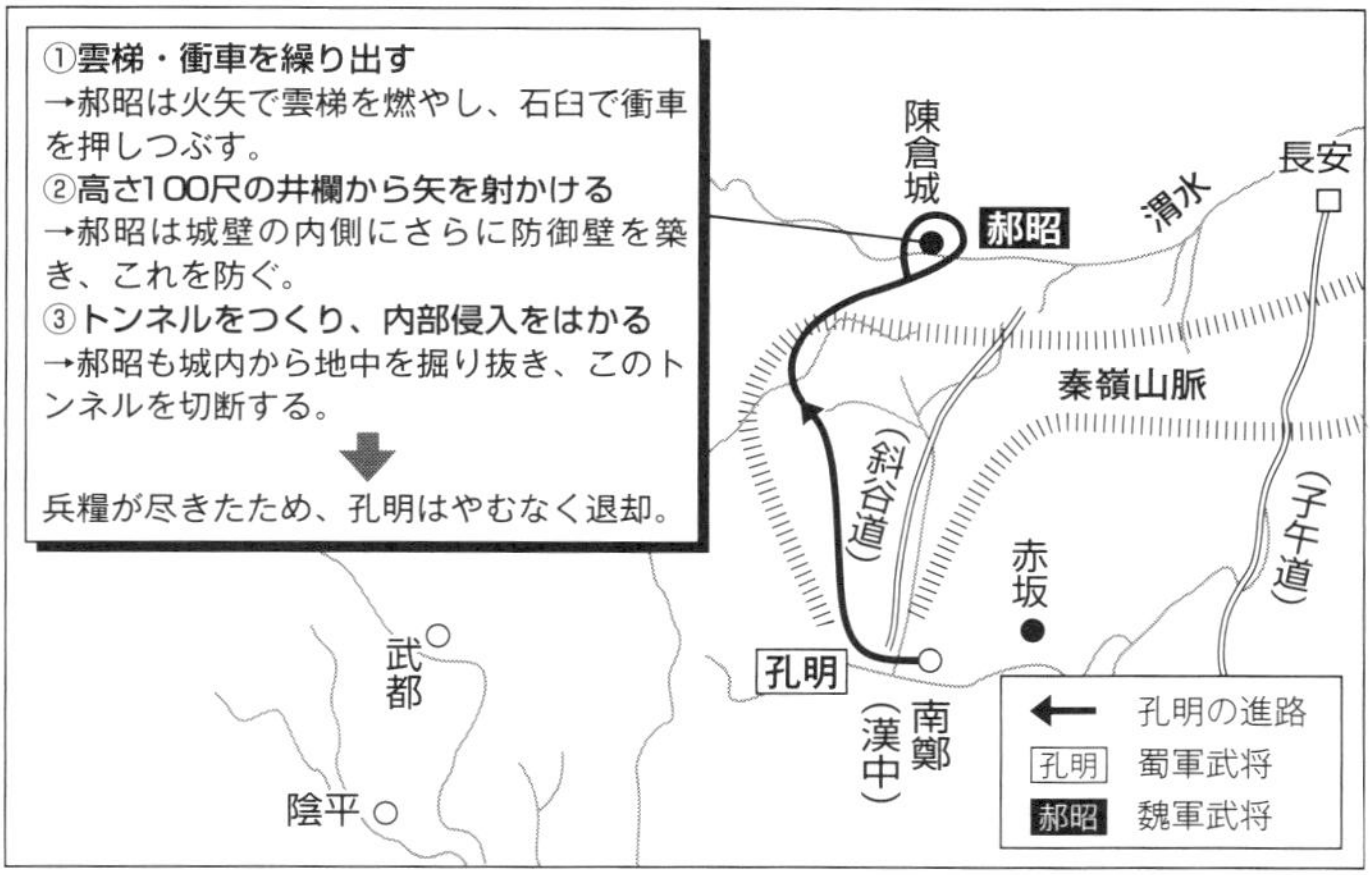
①雲梯・衝車を繰り出す
→郝昭は火矢で雲梯を燃やし、石臼で衝車を押しつぶす。
②高さ100尺の井欄から矢を射かける
→郝昭は城壁の内側にさらに防御壁を築き、これを防ぐ。
③トンネルをつくり、内部侵入をはかる
→郝昭も城内から地中を掘り抜き、このトンネルを切断する。
兵糧が尽きたため、孔明はやむなく退却。
陳倉城
郝昭
渭水
長安
秦嶺山脈
（斜谷道）
（子午道）
赤坂
武都
孔明
南鄭（漢中）
陰平
孔明の進路
孔明 蜀軍武将
郝昭 魏軍武将

を守るのはわずか千余りの兵に過ぎなかった。

　しかし、攻城戦は惨憺《さんたん》たるものとなった。『魏略』は、その様子をこと細かに伝える。それによると、孔明は攻城具の雲梯《うんてい》や衝車《しょうしゃ》を導入し、城の攻略にかかった。しかし城内から一斉に火矢が放たれ、雲梯は炎上。さらに石臼《いしうす》が投げ落とされ、衝車はことごとく破壊されてしまった。

　あらゆる手を使って城をおとそうとした孔明だったが、郝昭軍の抵抗激しく、陥落させることができなかった。激しい攻防が繰り返されること二十日余り。蜀軍の兵糧は尽き、また張郃が三万の兵を率いて救援に向かっているとの報が孔明のもとに届けられた。ここにきて孔明は、撤退を決意。再度の北伐も、さしたる戦果を挙げることはできなかった。

用語解説
雲梯：三対の車輪のついた台車の上に折りたたみ式の梯子が搭載されたもの。**衝車**：攻城兵器のひとつ。長柄の先に大きな鉄をつけたもので、兵士が乗って城を衝く。

呉

三国時代の始まり

二二九年、中国の大地に三皇帝が並び立つ

◆孫権が皇帝に即位

二二九年四月、夏口《かこう》と武昌《ぶしょう》から黄色い龍と鳳凰《ほうおう》が出現したという報告が孫権のもとに届けられた。この吉兆を受け、公卿《くぎょう》や百官《ひゃっかん》たちはこぞって孫権に帝位に即くことを勧める。こうして孫権は、それまで魏に封じられていた呉王の位を捨て、皇帝の位に即いたのである。

ここに魏、蜀に次いで呉が誕生。三国の皇帝が、中華の大地に並び立ったのである。孫権、四十八歳のときだった。皇太子には、長子孫登《そんとう》を立てた。

かつて孫権が齢十五のとき、曹操の使者で、人相見をよくする劉琬《りゅうえん》は、「高貴な位に昇る兆が見える」と孫権を評した。

また『江表伝《こうひょうでん》』によると、孫権が誕生したとき、その容貌はあごが張って口が大きく、瞳にはきらきらとした光があった。父孫堅《そんけん》はこれを喜び、「この子には高貴な位に昇る相がある」と言った。江東《こうとう》の地を平らげ呉の基盤を築き上げた兄孫策《そんさく》も、謀計を練るときに

用語解説
『江表伝』：西晋の虞溥（ぐふ）の編纂。孫堅から孫皓までの呉の歴史を記す。

孫権の即位

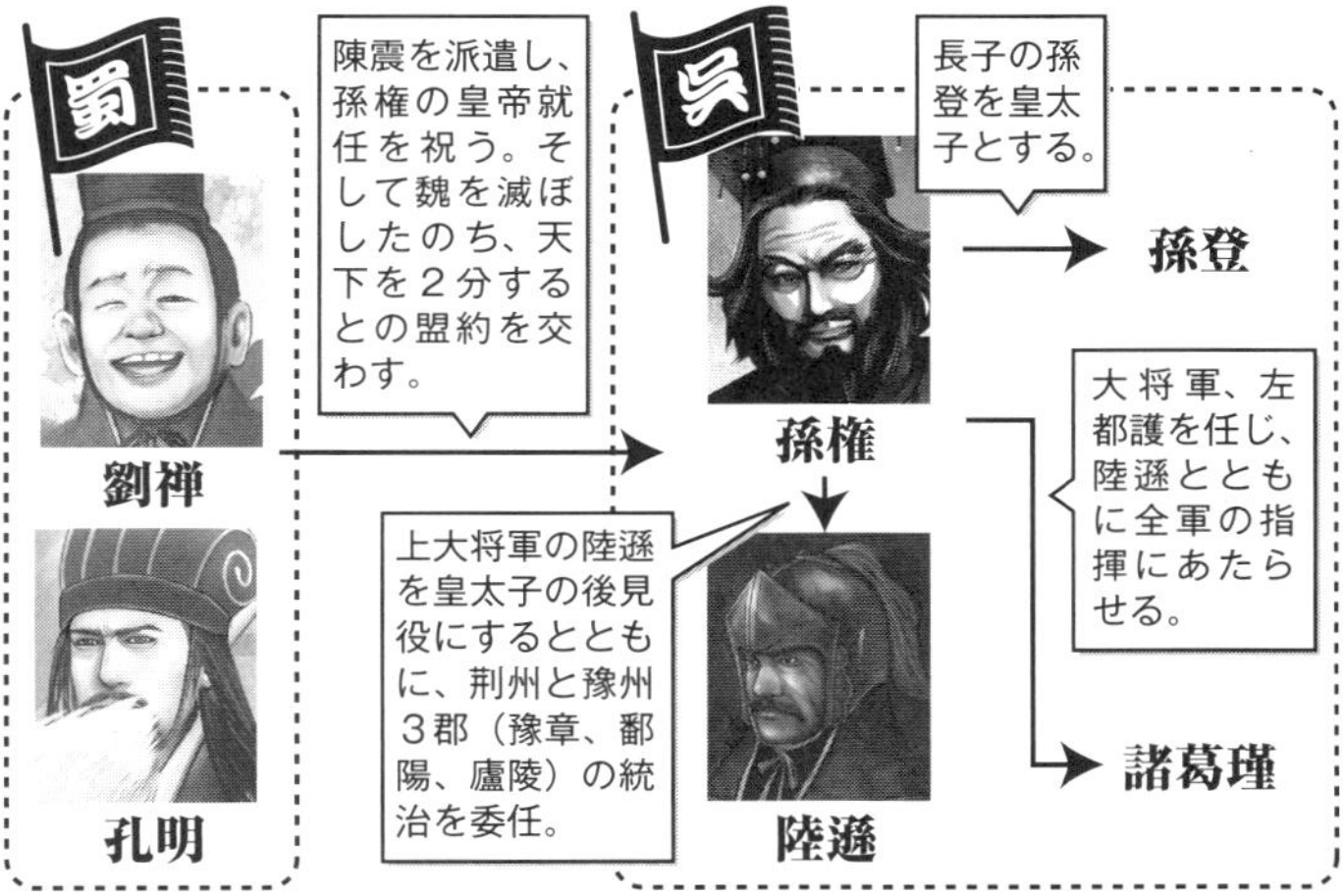

蜀
劉禅
孔明
陳震を派遣し、孫権の皇帝就任を祝う。そして魏を滅ぼしたのち、天下を2分するとの盟約を交わす。
呉
長子の孫登を皇太子とする。
孫権
孫登
大将軍、左都護を任じ、陸遜とともに全軍の指揮にあたらせる。
諸葛瑾
上大将軍の陸遜を皇太子の後見役にするとともに、荊州と豫州3郡（豫章、鄱陽、廬陵）の統治を委任。
陸遜

は必ず孫権に意見を求め、自分は孫権には到底及ばないと考えていたと伝わる。このように孫権は常々将来を嘱望されており、その期待がいよいよ現実のものとなったのである。

孫権の皇帝即位は、呉と蜀との結びつきを一層強めることになった。

六月、蜀から孫権の皇帝即位を祝う使者が来訪した。孫権はここで蜀との協議のもと、天下の土地を分かつ盟約を結んだ。すなわち豫《よ》州・青《せい》州・徐《じょ》州・幽《ゆう》州を呉のものに、兗《えん》州・冀州・并《へい》州・涼州を蜀のものとし、司《し》州の土地は函谷関《かんこくかん》を境として両分する。そして呉と蜀とで協力し、逆賊魏を討伐することを誓ったのである。

九月、孫権は建業《けんぎょう》に遷都《せんと》した。そして上大将軍陸遜《りくそん》を呼び戻し、孫登の後見役に任じた。

蜀

祁山の戦い

二三一年、魏軍を撃ち破るも兵糧不足で泣く泣く撤退

◆長雨に泣いた魏の南伐軍

孫権が即位した二二九年、孔明は陳式《ちんしょく》に命じて雍《よう》州の最南部である武都《ぶと》・陰平《いんぺい》の両郡を攻略させ、平定。そして劉禅は詔勅を下し、この功績をもって孔明を丞相に復職させた。

一方、幾度となく国境に侵入してくる蜀の動きに業を煮やした魏は、二三〇年七月、大都督《ととく》曹真の進言によりついに蜀を滅ぼすべく南伐の軍を起こす。

この動きに対して孔明は、国内守備にあたる驃騎将軍李厳《りげん》に二万の兵を与え、漢中に赴かせた。そしてその息子李豊《りほう》を江《こう》州都督督軍《とくぐん》として、李厳の留守中の職務を司らせた。

しかし、天運は孔明の味方をした。一か月以上にもわたり豪雨が続き、河川が氾濫。濁流が魏軍の進攻を妨げ、曹真は一戦も交えることなく撤退を余儀なくされたのであった。面目を失った曹真は洛陽に戻ると、病を発症。失意のうちに亡くなった。

◆李平の背信

武都・陰平の戦い要図

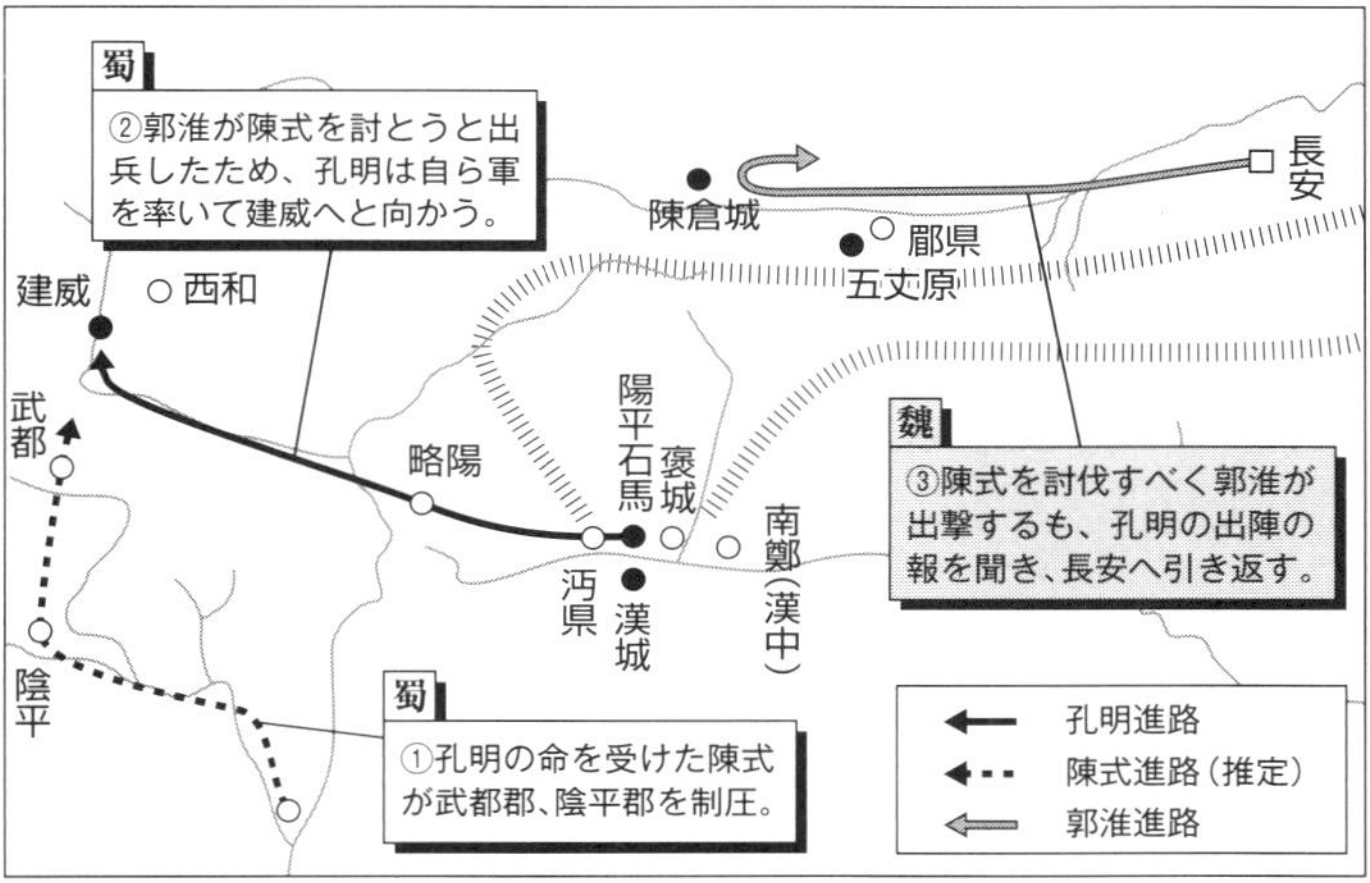
蜀
②郭淮が陳式を討とうと出兵したため、孔明は自ら軍を率いて建威へと向かう。
建威
西和
武都
陰平
略陽
陽平石馬
褒城
沔県
漢城
南鄭（漢中）
陳倉城
郿県
五丈原
長安
魏
③陳式を討伐すべく郭淮が出撃するも、孔明の出陣の報を聞き、長安へ引き返す。
蜀
①孔明の命を受けた陳式が武都郡、陰平郡を制圧。
孔明進路
陳式進路（推定）
郭淮進路

二三一年二月、孔明は再び魏への北伐軍を起こす。攻略目的は祁山《きざん》。隴西《ろうせい》地方や羌中《きょうちゅう》、関中とを結ぶ要衝の地である。孔明は征西大将軍魏延《ぎえん》、前・後・左・右将軍の袁綝《えんりん》、呉班《ごはん》、呉懿《ごい》、高翔《こうしょう》、それに加え楊儀《ようぎ》、鄧芝らを率いて祁山を包囲。李平《りへい》（李厳。このころ改名）には軍需輸送の一切を委任した。そして鮮卑《せんぴ》族の長・軻比能《かひのう》を召し出し、外援とした。

このとき、孔明はこれまでの兵糧輸送の失敗を鑑み、新たな運搬具を導入している。それが木牛《もくぎゅう》である。木牛は一般的には長柄《ながえ》のついた小車だと考えられており、一人の一年分の食糧を載せた状態で一日二十里の距離を進むことができたという。

こうして諸事万端を整えて進攻する孔明の前に立ちはだかったのが、司馬懿だった。曹

用語解説
呉懿：？―237。劉焉、劉璋と２代にわたって仕えたのち、劉備に降伏。蜀の将軍として活躍する。

真の死後、長安に出鎮していた司馬懿は、費曜《ひよう》、戴陵《たいりょう》の二将に四千の兵を与えて上邽《じょうけい》を守らせると、残りの兵を祁山に向かわせた。一方の孔明は兵を駐留部隊と攻撃部隊とにわけ、自らは上邽に出向き司馬懿の先鋒郭淮《かくわい》、費曜を撃破。上邽の東で司馬懿と遭遇した。

ところが司馬懿は敗残兵をまとめ、要害に立てこもってしまう。老獪《ろうかい》な司馬懿は、蜀軍の軍需輸送が滞って兵糧が逼迫《ひっぱく》すると読み、持久戦に持ち込もうとしたのである。しかし諸将の逸《はや》る気持ちを抑えることができず、五月、やむなく攻勢に打って出た。が、蜀軍に散々に打ちのめされてしまう。このとき、蜀軍は三千以上の首級を挙げ、五千領の鎧、三千百張の弩《いしゆみ》を手に入れた。司馬懿は、もはや陣から出てくることはなかった（『漢晋春秋』）。

こうして凱歌をあげた蜀軍であったが、この北伐はあっけない幕切れを迎える。長雨で兵糧を供給できないと李平から報告がきて、撤退せざるを得なくなったのである。撤退の際、深追いしてきた張郃を、孔明は伏兵を配して討ち取っている。

ところが帰国後、李平の虚言が発覚する。食糧供給を果たせなかった自分の責任を孔明に押しつけようとしたのである。しかし孔明が李平からの自筆の手紙を提出したために真実が明らかとなり、ごまかそうとした李平は庶民におとされ、梓潼《しとう》郡への流罪と処せられた。のち李平は、孔明が死んだと聞くと発病して亡くなった。最後の最後まで孔明が自分を復職させてくれると信じ、それが叶わないことを知って病気になったのだという。

祁山の戦い要図

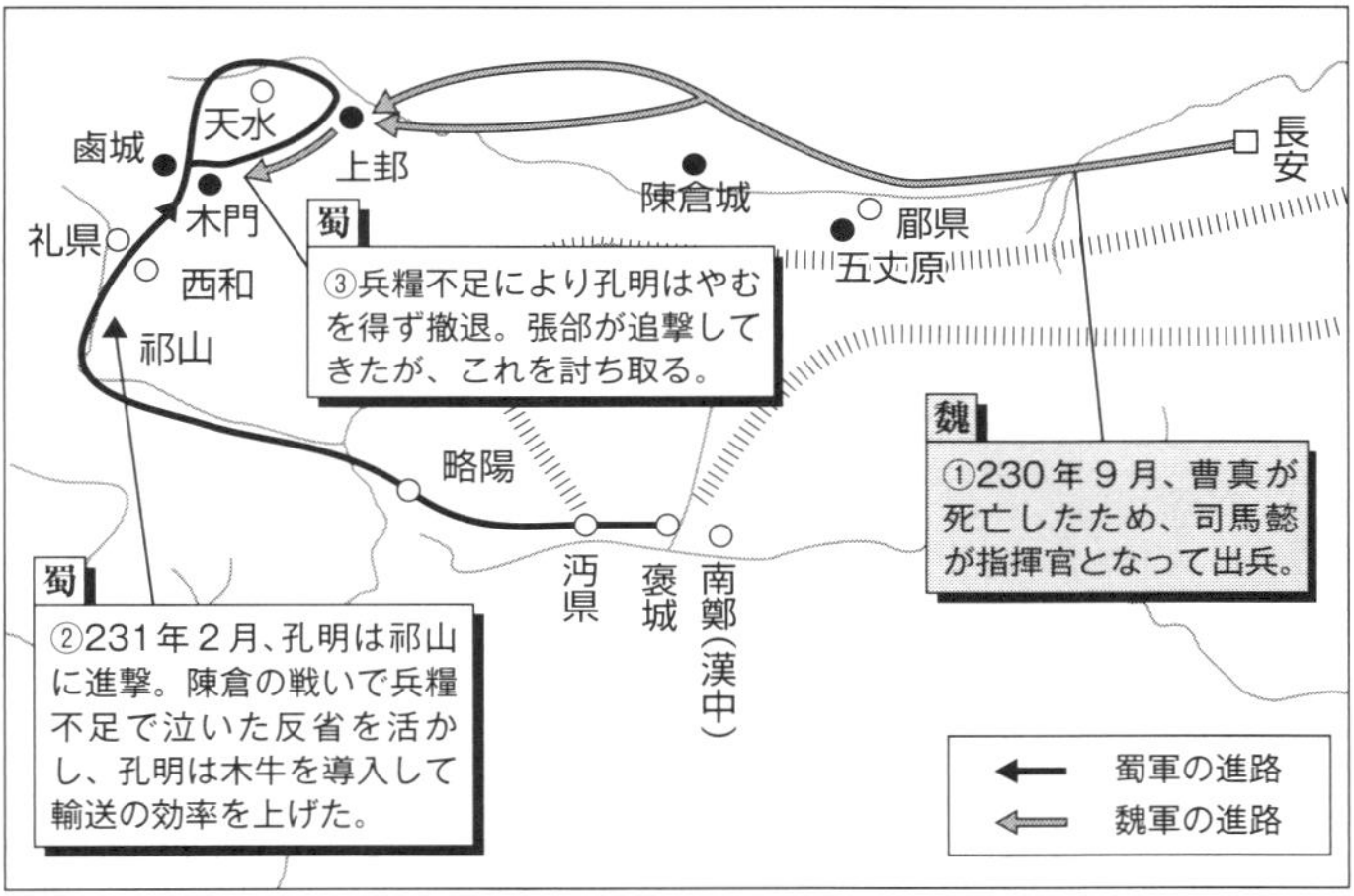

天水
鹵城
上邽
木門
陳倉城
礼県
蜀
郿県
西和
五丈原
長安
③兵糧不足により孔明はやむを得ず撤退。張郃が追撃してきたが、これを討ち取る。
祁山
魏
略陽
①230年9月、曹真が死亡したため、司馬懿が指揮官となって出兵。
沔県
褒城
南鄭（漢中）
蜀
②231年2月、孔明は祁山に進撃。陳倉の戦いで兵糧不足で泣いた反省を活かし、孔明は木牛を導入して輸送の効率を上げた。
蜀軍の進路
魏軍の進路

mini column

木牛・流馬とは何か

孔明は北伐の際、円滑な兵糧輸送を実現するために木牛・流馬という運搬具をつくった。『事物起源』によると、木牛は手押し一輪車の前方に長柄がついたもので、流馬は手押し四輪車だとされている。

元代に著わされた『三国志平話《へいわ》』には蜀軍が「木牛流馬経」を唱えると、木牛・流馬が命令どおりに動き出すとされていて神秘化されている。裴松之の注に引かれる『諸葛亮集』には木牛・流馬の製作法が引用されているが、設計図もなければ実物も伝えられていないため、実際にどのようなものだったのかは不明である。

蜀

五丈原の戦い

二三四年、孔明、没す

◆持久戦の末に孔明異変

祁山の戦いののち、孔明は国力を回復するべく、兵士、軍馬を休ませるとともに、食糧の増産と兵糧の運搬の改良に力を注いだ。

二三四年二月、孔明は満を持して北伐の軍を起こす。この北伐は五丈原《ごじょうげん》の戦いと呼ばれ、よく知られるところであろう。

毎回兵糧の確保に悩まされてきた孔明は、この度の北伐では木牛のほか、山岳地帯でも使える四輪車の流馬《りゅうば》という運搬具を開発、導入した。

また斜谷水《やこくすい》の河辺に土地を開墾させ、兵士に民とともに耕作を行なわせるという屯田兵《とんでんへい》の制を用い、兵糧の確保に努めた。

孔明は魏延を先鋒とすると、斜谷道から武功《ぶこう》県へと進軍し、渭水の南、五丈原に布陣した。

これに対し、司馬懿も渭水の南に陣を布き、孔明と対峙する。蜀軍十万余、魏軍三十万

五丈原の戦い要図

蜀軍	VS	魏軍
 諸葛亮（孔明）		 司馬懿（仲達）
10万？	兵力	30万？
 姜維  魏延	おもな武将	 郭淮  胡遵

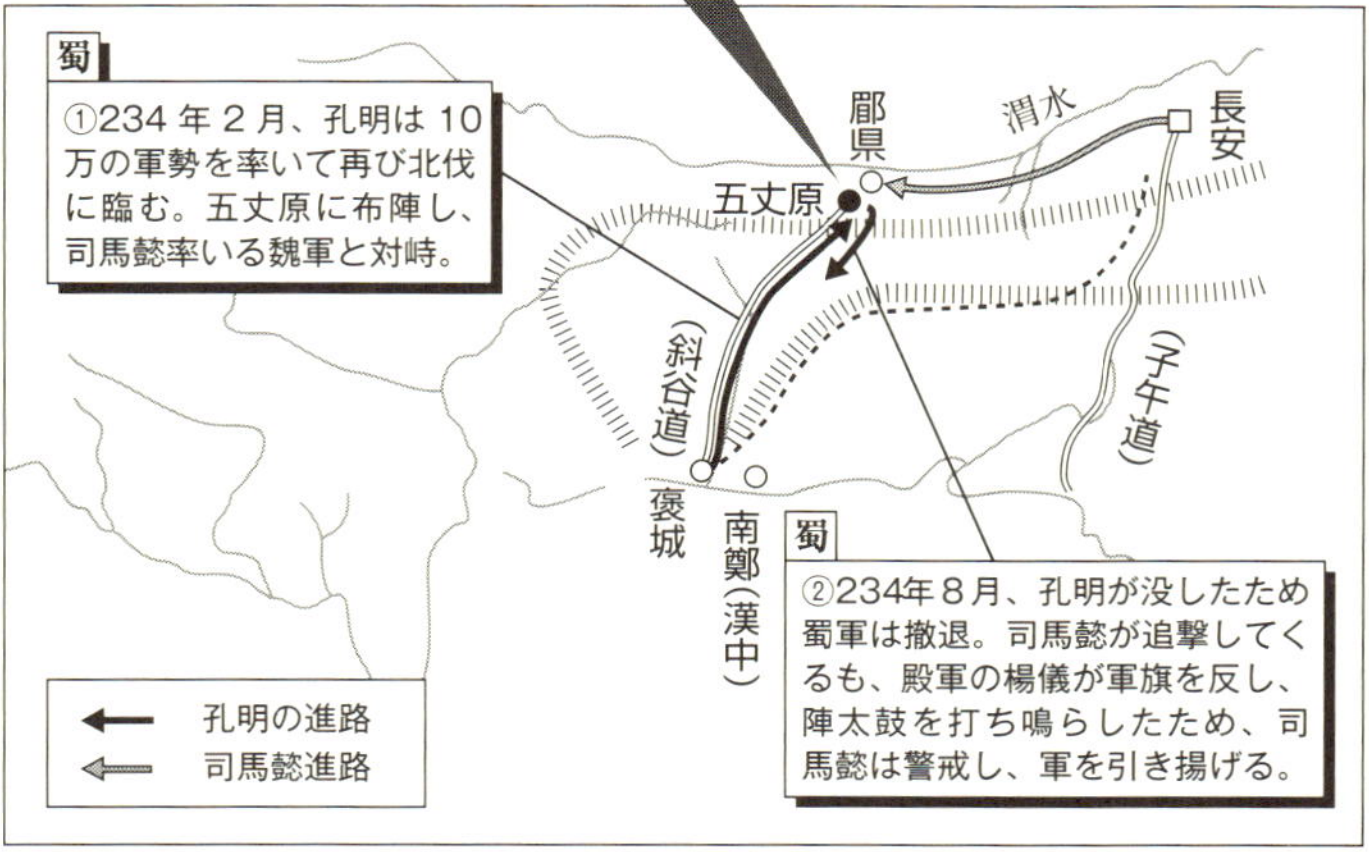
蜀
①234年2月、孔明は10万の軍勢を率いて再び北伐に臨む。五丈原に布陣し、司馬懿率いる魏軍と対峙。
郿県
渭水
長安
五丈原
(斜谷道)
(子午道)
褒城
南鄭(漢中)
蜀
②234年8月、孔明が没したため蜀軍は撤退。司馬懿が追撃してくるも、殿軍の楊儀が軍旗を反し、陣太鼓を打ち鳴らしたため、司馬懿は警戒し、軍を引き揚げる。
孔明の進路
司馬懿進路

という陣容だった。

ところが、戦線はこう着状態に陥る。というのも司馬懿が曹叡《そうえい》の許しが出ないとして討って出ず、持久戦に持ち込んだからである。

『漢晋春秋』によると、司馬懿にはもともと戦うつもりはなかったという。しかし諸将に戦う意志があることを示すため、わざわざ曹叡に上奏し、曹叡の勅をもって戦うことができないという形を取ったのである。

孔明は司馬懿を何とか戦場に引きずり出そうと、女性用の髪飾りと着物を送りつけて「男なら戦え」と相手を挑発したが、司馬懿はこれを相手にしなかった。そして本格的な戦いが行なわれないまま百日余りのときが過ぎた。

司馬懿がこのとき徹底した持久戦をとったのは、すでに孔明の余命が長くないことを把握していたからだといわれている。

『魏氏春秋』によると、司馬懿は孔明の使者が訪れてきた際、孔明の様子をたずねた。使者が朝早く起きて寝るのは夜遅く、食事は二、三合しか食べないと答えたため、司馬懿は孔明の死が近いことを悟ったという。

果たして心労と過労が重なった孔明は体調を崩し、二三四年八月、五丈原の陣中で没してしまうのである。五十四年の生涯だった。『晋陽秋《しんようしゅう》』によると、このとき赤くとがった

用語解説
『魏氏春秋』：魏晋南北朝時代の歴史家孫盛（そんせい）の著。魏の歴史を記す。**『晋陽秋』**：孫盛の著。第6代哀帝（あいてい・在位361－365）までの晋の歴史を記す。

星が孔明の陣営に落ちた。

◆死者に翻弄された司馬懿

大黒柱の孔明を失った蜀軍には、もはや撤退の道しか残されていなかった。楊儀は孔明の喪を秘し、ひそかに軍勢をまとめて帰途についた。が、撤退する蜀軍を討ち果たすべく、司馬懿はここぞとばかりに軍勢を繰り出してきた。するとと楊儀の部隊が突然陣太鼓を打ち鳴らし、軍旗を翻すと魏軍に立ち向かう姿勢を見せたのである。

蜀軍の予想外の行動に泡を食った司馬懿はただちに追撃をやめさせ、深追いをさせなかった。こうして蜀軍は、無事撤退することができたのであった。

「死せる諸葛、生ける仲達（司馬懿）を走らす」ということわざは、この様子を見た人々が言い始めたと伝えられる（『漢晋春秋』）。

劉禅は親とも言うべき孔明の死をいたく悲しみ、孔明に忠武《ちゅうぶ》侯の諡号《しごう》を贈った。そして孔明の遺言に従い、その遺体は漢中の定軍山《ていぐんざん》に葬られた。

こうして孔明による北伐は事実上、とりたてて成果を得ないまま終焉を迎えた。そして孔明という大黒柱を失った蜀の命運に、暗雲が垂れ込めていくのである。

孔明、没す
二三四年八月、孔明は五丈原の陣営にて没した。このとき、赤くとがった星が東北から西南に流れ、孔明の陣営に三度落ち、二度は空に戻ったが、三度目は落ちたままだった（『晋陽秋』）。一方、司馬懿は蜀軍を追撃しようとするも、蜀軍が軍旗を反して抵抗の意を見せたため、軍を引き揚げた。

呉

合肥進攻

二三四年、孔明の北伐に呼応して魏を攻めた孫権

◆国境の合肥を巡る争い

孔明が北伐を続けているころ、孫権は魏の東側の守りが手薄になっていると読み、魏進攻の機会をうかがっていた。その標的は、魏の対呉前線基地・合肥《がっぴ》である。

合肥は、地理的戦略上、魏、呉どちらにも重要な拠点であった。魏にとっては、合肥をおさえることで川を通じて許都《きょと》から長江《ちょうこう》へと一気に南下することが可能になり、対呉戦線の上では欠かせない場所だった。そのため二三〇年正月、魏は合肥新城を築き、合肥の防備を固めている。

一方、呉にとっても揚《よう》州の安定のために、何としてでも手に入れておきたい拠点だった。

二三三年、ついに孫権は自ら軍を率い、合肥新城攻略に乗り出す。同時に全琮《ぜんそう》に五万の兵で合肥の西に位置する六安《りくあん》を攻めさせた。しかし川岸から遠く離れた合肥新城への攻撃は容易ではなく、また全琮も苦戦を強いられたため、孫権はやむなく全軍を撤退させた。

そして二三四年五月、孔明が五丈原で魏軍と対峙すると、孫権は再び合肥へと軍を進め

用語解説 **全琮**：？－249。孫権に仕え、対蜀、対魏戦線で活躍。229年には孫権の娘・孫魯班を妻とし、孫権の娘婿となる。

合肥新城包囲戦要図

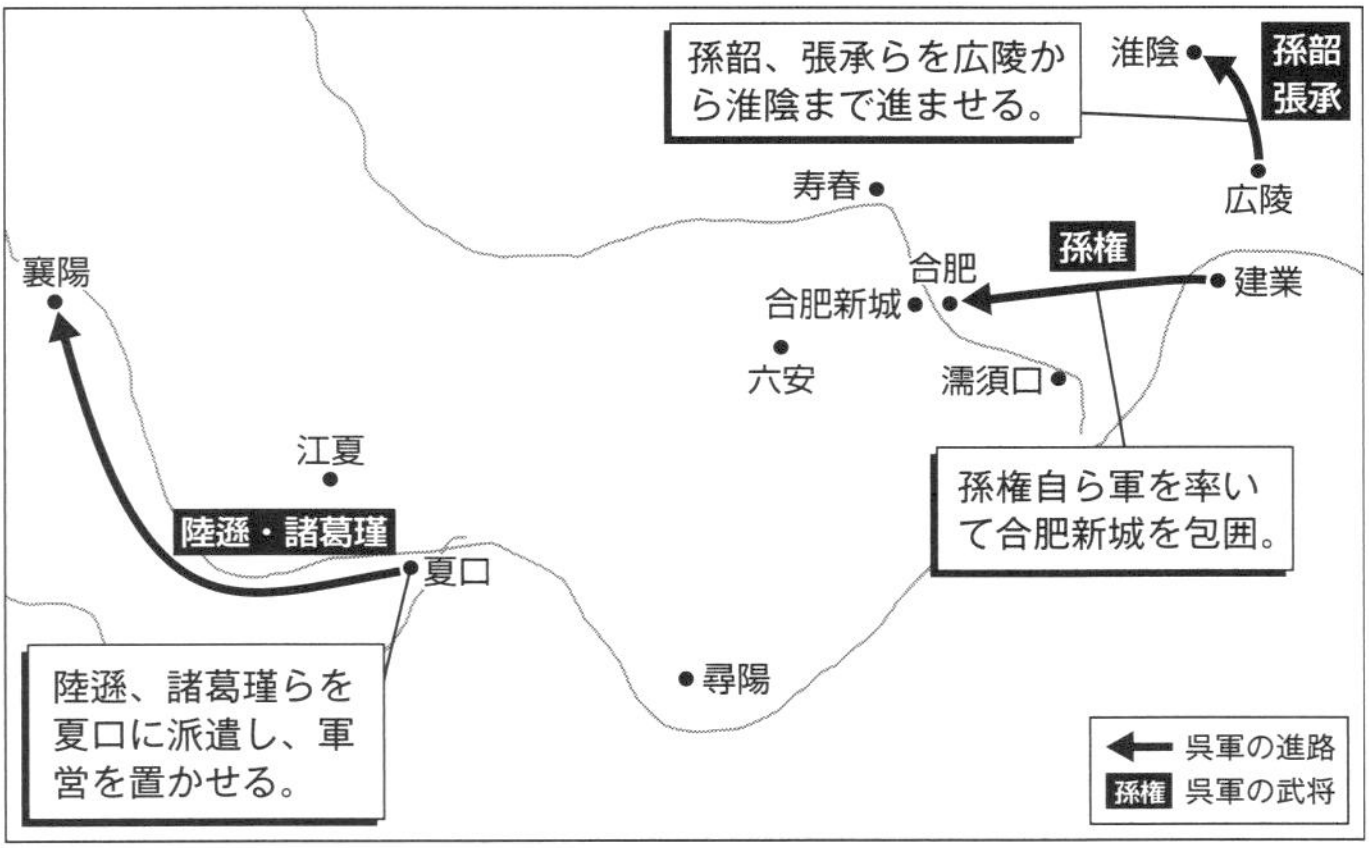

孫韶、張承らを広陵から淮陰まで進ませる。
淮陰
孫韶
張承
寿春
広陵
孫権
合肥
合肥新城
建業
襄陽
六安
濡須口
江夏
孫権自ら軍を率いて合肥新城を包囲。
陸遜・諸葛瑾
夏口
陸遜、諸葛瑾らを夏口に派遣し、軍営を置かせる。
尋陽
呉軍の進路
孫権 呉軍の武将

た。諸葛瑾と陸遜を夏口へ、孫韶《そんしょう》、張承《ちょうしょう》らを広陵《こうりょう》から淮陰《わいいん》まで進ませ、孫権は自ら合肥新城の包囲に取り掛かるという三面作戦である。

これに対して合肥新城を守る満寵《まんちょう》は、新城から退き、呉軍を寿春《じゅしゅん》にまで引き込むよう曹叡に上奏した。

しかし、曹叡はそれを認めなかった。それどころか曹叡自ら大軍を率いて合肥の救援に向かったのである。曹叡のこの果敢な行動は、魏の主力部隊は五丈原に釘付けにされて動くことはできまいと高をくくっていた孫権を慌てさせた。城を陥落させられないまま曹叡の援軍が到着すれば自軍が危うい立場に立たされる。そう判断した孫権は、曹叡が到着する前の七月、やむなく軍を撤退させた。

用語解説

満寵：？－242。曹操から曹芳まで曹氏四代にわたり仕える。

呉

山越討伐

二三四年に異民族を帰順させた諸葛恪の知恵

◆呉と衝突を繰り返した山越

合肥から引き揚げた孫権は、二三四年八月、諸葛恪《しょかつかく》を丹楊《たんよう》太守及び撫越《ぶえつ》将軍に任じ、山《さん》越《えつ》討伐の事にあたらせた。

諸葛恪は孔明の兄諸葛瑾の長子である。『江表伝《こうひょうでん》』によると、若くして才能に優れ、彼と対等に議論ができる者はひとりもいなかったという。孫権もその才能を高く評価していたが、一方で父の諸葛瑾は「この子は我が家を大いに繁栄させるだろうが、かわりに我が一族を根絶やしにしてしまうだろう」と心配していたという。のち、その不安は現実のものとなる。

さて、山越とは、呉の本拠地揚州の山岳地帯に居住する異民族を指す。もともと焼き畑農業などによる自給自足の生活を送っていたが、漢民族の南下に伴う開発で山は切り拓かれ、生活が圧迫されるようになったため、呉と衝突するようになった。さらに魏がしばしば山越を煽動《せんどう》して呉を牽制したため、小競り合いが激化していったのである。

呉はたびたび山越討伐に乗り出している。抵抗する者は惨殺し、若者は兵士に徴発、それ以外の者は労役に駆り出して山越を服従させようとした。呉が蜀との同盟をまっとうできなかったり、一時的に魏に臣従したりしたのも、この山越討伐に兵力を割かざるを得なかったことが、理由のひとつに挙げられている。

◈帰順してきた山越の人々

諸葛恪は、これまでのやり方を百八十度変え、徹底した懐柔策で臨んだ。まず丹楊郡周辺の四郡、呉《ご》郡、会稽《かいけい》郡、新都《しんと》郡、鄱陽《はよう》郡に属する城の長官に領内の安全確保をはからせ、すでに帰順している良民たちを屯田地に定住させるよう命じた。そして穀物が実るころ、兵士たちに落穂も残らないよう徹底的に穀物を刈り取らせたのである。収穫期になっても食糧を手に入れられない山越の民は飢えに迫られ、次々と山を下りてきた。諸葛恪は彼らを拘束してはならないと命じ、それに反した役人を処罰させた。

この様子を見て安心した山越の人々は、次々と山地から下り、呉に帰順の意を示した。こうして呉と山越との衝突は収束に向かうことになる。『晋書《しんじょ》』によると、呉が滅亡したとき揚州の人口は約三十一万戸だったが、そのうちのじつに半数近くが山越だったと考えられている。

蜀

魏延の反乱

二三四年に誅殺された勇将の心中に反逆の意志はあったのか？

◆戦い続けることを主張した魏延

孔明が五丈原で没したのち、蜀軍は司馬懿を欺いて無事撤退することができたが、その陰では内紛が勃発していた。

孔明の遺言に従い撤退の準備に入った楊儀だったが、魏延は「私は自ら軍を率いて賊を討つ。楊儀ごときの指揮を受け、しんがりをつとめられるか」としてこれに反発したのである。

魏延は義陽《ぎよう》郡出身の将軍である。勇猛で誇り高い性格だったため人々は彼にへりくだっていたが、楊儀だけはそれを潔しとしなかったため、魏延は怒りを抱くようになり、二人は事あるごとに衝突した。そんな二人の関係を、いつも費禕が取り持っていたという。

魏延に退却する意志がないことを知った楊儀らは、ひそかに魏延を残して撤退を開始する。それを知った魏延は腹を立て、楊儀の行く道を先回りし、行く先々で吊橋を焼き捨てて進軍できないようにしたのだった。そして楊儀が反逆したと劉禅に上奏したのである。

mini column

魏延の見た夢

『三国志演義』によると、孔明の死後、魏延は頭に２本の角が生えるという夢を見た。

これが何を指し示すのか悩んだ魏延に対し、行軍司《こうぐんし》馬《ば》趙《ちょう》直《ちょく》は、「その夢は麒麟《きりん》や龍のように飛翔することを示し、まさに吉兆です」と答えた。これを聞いた魏延は心から喜んだが、軍を訪れた費禕に対して趙直は「『角』という字は『刀が用いられる』ということを指し、それが頭上にあることは大凶を示します」と本当の事を言ったのであった。

果たして魏延はその夢が示す通り、反逆者の汚名を着せられ、首を斬られてしまったのである。

一方の楊儀も、魏延が裏切ったとの上奏を行なっていた。

これに困ったのは、劉禅である。果たしてどうしたものかと董允と蔣琬に相談したところ、二人とも楊儀の肩を持った。こうして魏延は、反逆者の汚名を着せられてしまったのである。

魏延と楊儀は、ついに南谷口《なんこくこう》でぶつかった。ここで王平が魏延軍に向かい「孔明さまが亡くなられたばかりなのに、なぜこのようなことができるのか」と一喝。非が魏延にあることを知っていた兵士たちはみな四散してしまい、魏延はやむなく息子たちと逃亡したが、馬岱《ばたい》によって斬殺されてしまう。一方、魏延を排除した楊儀にも、この後、思わぬ結末が待ち受けていた。

column ①…………

『三国志』と卑弥呼《ひみこ》

『三国志』が、当時の中国の様子だけでなく邪馬台国《やまたいこく》の女王卑弥呼の時代を伝えていることはよく知られるところである。『魏志《ぎし》』倭人伝《わじんでん》によると、中国で三国が鼎立していたころ、日本は「倭国大乱《わこくたいらん》」と呼ばれる戦乱の時代にあり、何年にもわたり戦いが続いたため、諸国は女王卑弥呼を立て、これを収めた。卑弥呼は神託によって国を治め、男弟《なんてい》が政治の補佐をしたという。

２３９年６月、卑弥呼は大夫難升米《たいふなしめ》らを帯方《たいほう》郡に遣わし、魏の天子に朝貢したいと申し出た。難升米らが魏帝に謁見をすると、12月、魏帝は卑弥呼を親魏倭王に封じ、金印・紫綬のほか銅鏡100枚などさまざまな贈り物をした。そして２４０年、帯方郡太守弓遵《きゅうじゅん》は使者を派遣し、卑弥呼を倭王に任命した。

なぜわざわざこのような記事が正史に取り上げられたのか。

卑弥呼が帯方郡に使者を遣わした年は、司馬懿が遼東の公孫氏を滅ぼした翌年にあたる。つまり卑弥呼の記事は、司馬懿が遼東郡を制したことで遠く海を離れた国からも朝貢の使者がやってくるようになったと、司馬懿の功績を強調するために書かれたと指摘されている。

一方で、弥生時代の日本人の習俗についても詳細に書き記している。

それによると、倭の男子は顔や体に刺青《いれずみ》をし、身分によって位置や大きさに違いがあった。また男子は頭に木綿を巻き、幅広の布を体に巻きつけていた。女は布の中央に穴を開け、そこに頭を通していた。そして倭人たちは稲作を行ない、養《よう》蚕《さん》や麻の栽培を行なって絹や麻布を作っていたという。

第二章

第二世代の躍動

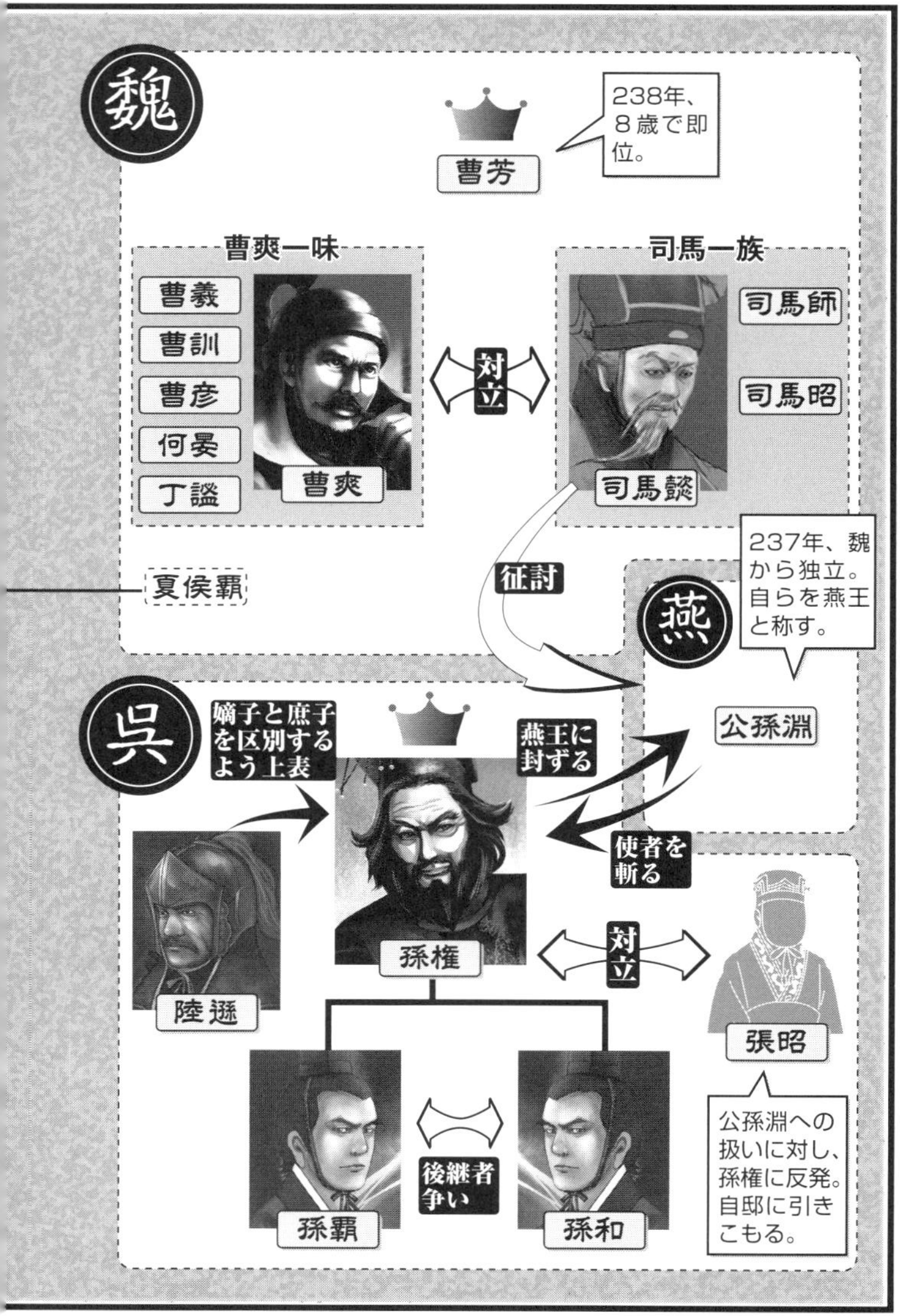
魏
238年、8歳で即位。
曹芳
曹爽一味
曹羲
曹訓
曹彦
何晏
丁謐
曹爽
対立
司馬一族
司馬師
司馬昭
司馬懿
征討
夏侯覇
燕
237年、魏から独立。自らを燕王と称す。
公孫淵
呉
嫡子と庶子を区別するよう上表
燕王に封ずる
使者を斬る
孫権
陸遜
対立
張昭
公孫淵への扱いに対し、孫権に反発。自邸に引きこもる。
孫覇
後継者争い
孫和

第二章の人物相関図

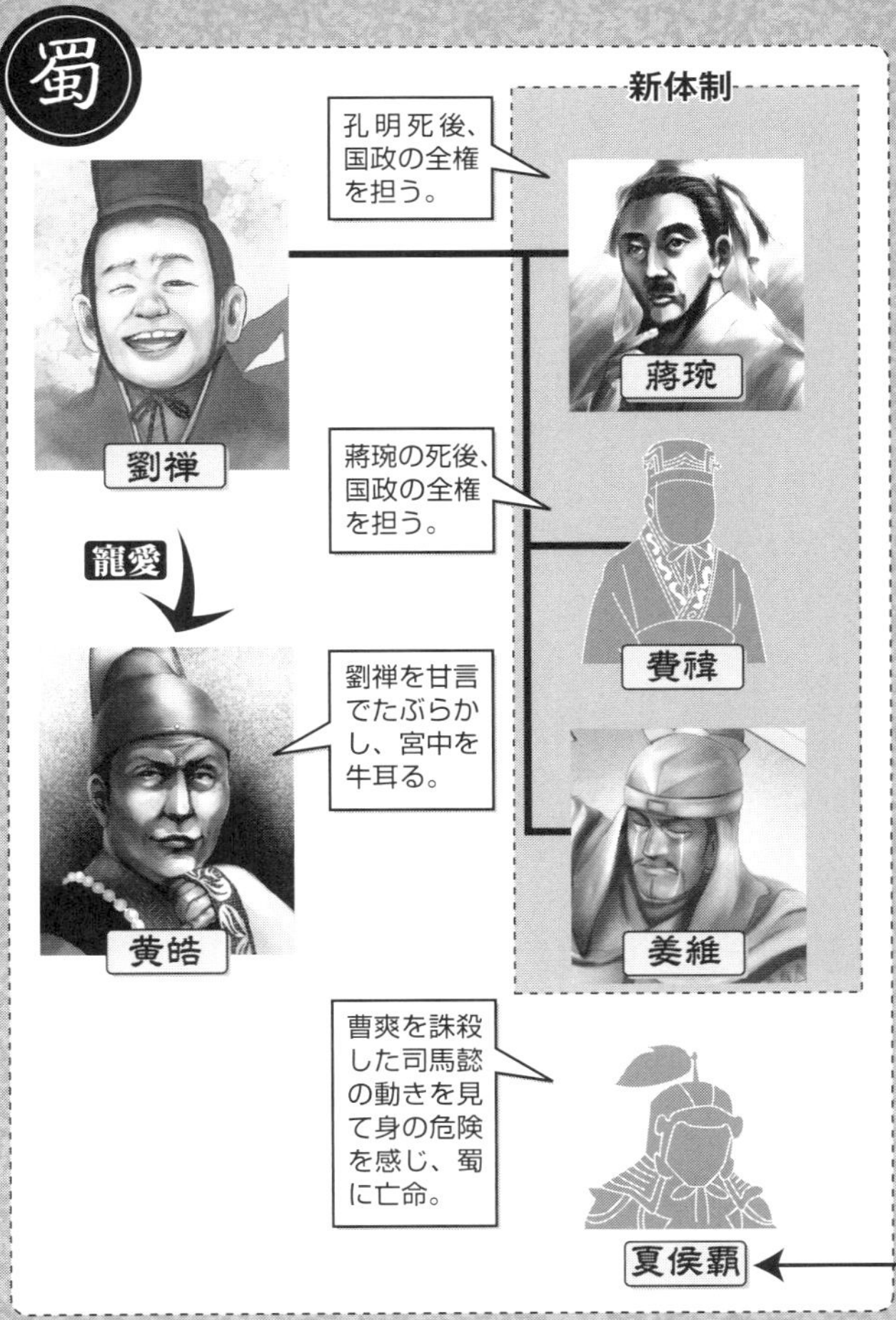

蜀
新体制
孔明死後、国政の全権を担う。
蔣琬
劉禅
蔣琬の死後、国政の全権を担う。
費禕
寵愛
劉禅を甘言でたぶらかし、宮中を牛耳る。
黄皓
姜維
曹爽を誅殺した司馬懿の動きを見て身の危険を感じ、蜀に亡命。
夏侯覇

蜀

孔明死後の国内情勢

二三五年、人事体制が一新される

◆蜀の新体制発足

孔明《こうめい》の死後、蜀《しょく》は人事体制を一新し、立て直しを図った。

孔明は生前、後事を蔣琬《しょうえん》に任せるよう劉禅《りゅうぜん》に上奏しており、劉禅はその言葉に従って蔣琬を孔明の後継に抜擢した。

二三五年四月、蔣琬は尚書令《しょうしょれい》・益州刺史《えきしゅうしし》となり、さらには大将軍《だいしょうぐん》・録尚書事《ろくしょうしょじ》へと進み、国務を統括することとなった。こうして内政及び軍事の最高責任者となった蔣琬を、かつて孔明は「彼は忠義公正を旨とし、私とともに王業を支える人物である」と評価している。

また費禕《ひい》を尚書令に、姜維《きょうい》を右監軍《うかんぐん》・輔漢《ほかん》将軍に、魏延《ぎえん》に代わり呉懿《ごい》を漢中《かんちゅう》の司令官とした。呉懿の死後は、王平《おうへい》をしてその任にあてた。

孔明の死によって蜀の先行きを不安視する声もあがったが、蔣琬が平時と変わらぬ態度で政務を司ったため、人々は安心し、彼に心服するようになっていった。

蜀の新体制

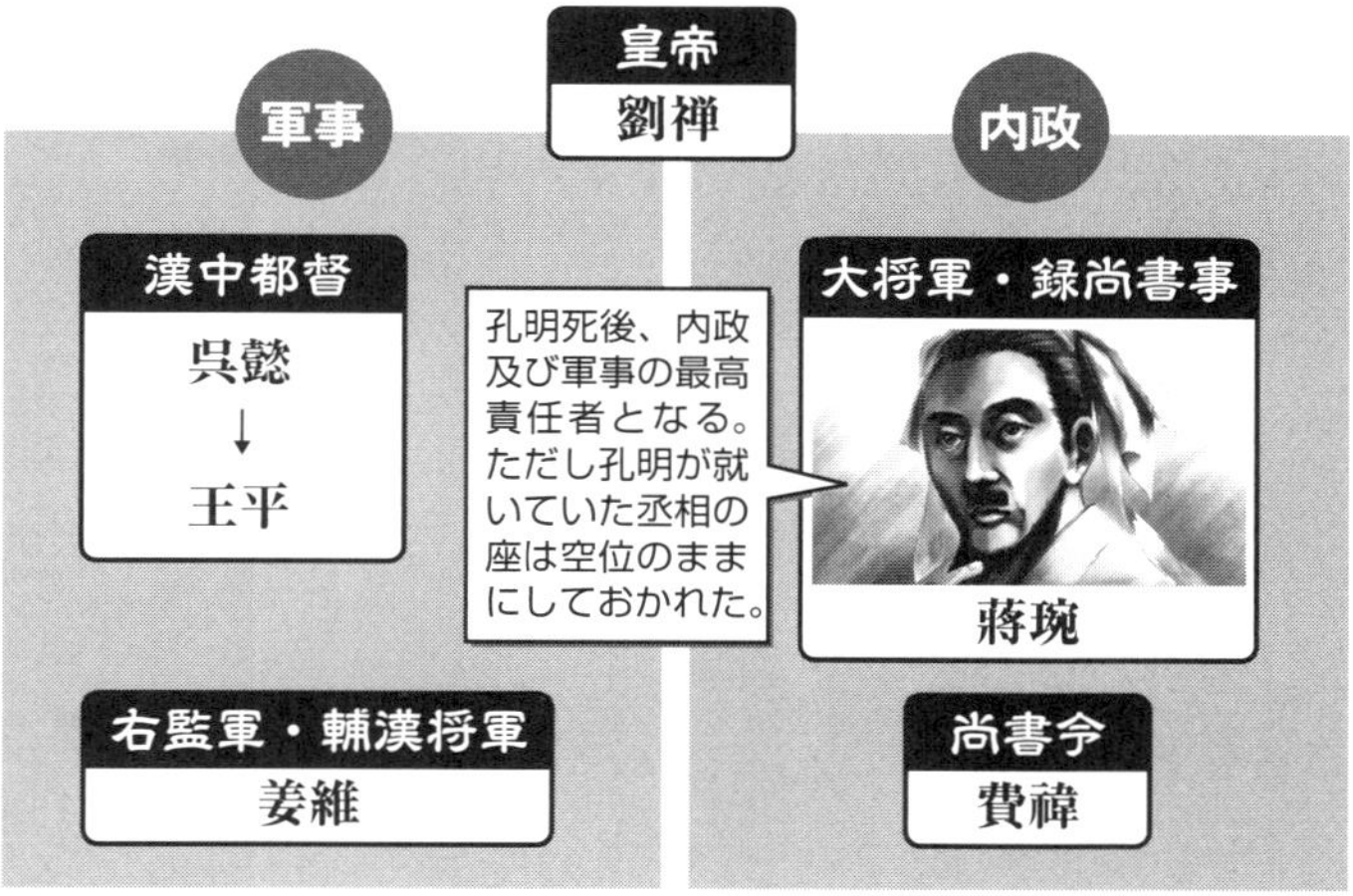
皇帝
劉禅
軍事
内政
漢中都督
呉懿
↓
王平
孔明死後、内政及び軍事の最高責任者となる。ただし孔明が就いていた丞相の座は空位のままにしておかれた。
大将軍・録尚書事
蔣琬
右監軍・輔漢将軍
姜維
尚書令
費禕

しかし、ひとりだけこの新人事に不満を抱いた男がいた。楊儀《ようぎ》である。彼は中軍師《ちゅうぐんし》に任じられたが、もともと蔣琬より年齢も官位も上であり、また持てる能力すらも彼以上であると思い込んでいた。孔明の死後には、自分がその後継に立てられるべきだと考えていたのである。

慰めに訪れた費禕に「丞相（孔明）が亡くなったとき、魏についていればこんな落ち目にはならなかったのに」と思わず愚痴をこぼしてしまったことが、楊儀にとって運の尽きとなる。費禕はこれを劉禅に上奏すると、劉禅は怒って楊儀を庶民におとし、漢嘉郡《かんか》への流罪に処したのである。ところが、楊儀は配《はい》所《しょ》でも誹謗《ひぼう》の言を連ねたため、しまいには逮捕されてしまう始末。最後は自害して果てた。

魏

曹叡のご乱心

一瞬の気の緩みが招いた愚政

◆大規模な宮殿造営工事

宿敵ともいえる孔明の死は、魏《ぎ》国内にも大きな変化をもたらした。あれほど英邁《えいまい》で、呉《ご》の合肥《がっぴ》進攻の際にも自ら先頭に立ち戦場に赴いた勇猛果敢な曹叡《そうえい》が、唐突に悪政を行なうようになったのである。その最たる例が、大規模な造営工事だった。相次ぐ戦乱によって魏の財政は逼迫《ひっぱく》し、人民の疲弊もはなはだしかった。また、民衆を宮殿造営に動員することで、農作業にも影響を及ぼすことになる。そのため、群臣たちはこぞって曹叡を諫めた。『通鑑紀事本末《つがんきじほんまつ》』によると、反対者として高堂隆《こうどうりゅう》、王粛《おうしゅく》、司馬懿《しばい》など十二人の名が記されている。

しかし曹叡はこれを退け、逆に群臣を工事に動員する始末だった。さらには公卿《くぎょう》から学《がく》生《しょう》に至るまで数万人もの人々を動員し、洛陽宮《らくようぐう》の修繕、昭陽殿《しょうようでん》、太極殿《たいぎょく》の建造、総章《そうしょう》観《かん》の増築などを行なったのである。『魏略《ぎりゃく》』によると、総章観の高さは十丈《じょう》以上もあり、ひきがその屋上には鳳の像が立てられた。そして九龍殿《きゅうりりゅう》の前には穀水《こくすい》の河水が引かれ、

用語解説 **『通鑑紀事本末』**：南宋代、司馬光が著わした『資治通鑑（しじつがん）』を袁枢（えんすう）が再編成し、それぞれの顛末を記して編んだ歴史書。**王粛**：195 － 256。後漢、陶謙、魏に仕えた王朗の子。

えるの彫像がその水を受けると、龍の彫像がそれを吐き出すという大仰な装置まで設えられたのである。また、宮殿には多くの女性が集められ、その数は貴人、側妾《そばめ》、歌芸、清掃担当など各々千人以上にのぼったという。さらに兵士の娘で、兵士以外の官吏《かんり》などに嫁いだ者は強制的に離縁させ、改めて兵士に嫁がせるよう命じ、そのうちとくに美しい娘を後宮に入れるという暴挙にも及んだ。曹叡は後宮に入りびたりとなり、後宮内で遊楽を行なう際には、文字を知る六人の女性たちを女尚書とすると、宮中外からの奏請に対し、適当な処置決裁を行なわせる始末だった。

◈皇后自殺の背景

このようにろくに政務を顧りみなくなった曹叡は、後宮内でもある騒動を起こした。曹叡は平原王《へいげん》だったときに寵愛した毛氏《もう》を、即位後の二二七年、皇后に立てている。ところが次第に郭氏《かく》を寵愛するようになったために、皇后への愛は薄れていった。二三七年、毛皇后をのけ者にして郭氏や女官たちと宴を楽しみ、このことを決して洩らさぬよう緘口《かんこう》令《れい》を敷いたときのこと。その翌日、なぜか毛皇后の聞き知るところとなったのである。曹叡はこれに怒り、秘密を洩らしたとして側仕えの者十数人を殺害した挙句、毛皇后を自殺に追い込んだのであった。

用語解説
高堂隆：生没年不詳。213年、曹操に招聘される。平原王だった曹叡の守り役であったことから曹叡の即位後、給事中・博士・駙馬（ふば）都尉に引き上げられている。

魏

公孫淵の反乱

二三七年、燕王と称して魏からの独立をはかった男の顛末

◆公孫淵の二股外交と独立

二三七年、曹叡が悪政を敷いていたころ、遼東半島《りょうとう》を拠点としていた公孫淵《こうそんえん》が魏に対して反乱を起こした。

もともと公孫氏は、後漢末《ごかん》の一九〇年以来、遼東郡並びに朝鮮半島の楽浪郡《らくろう》を勢力下に置いていた。公孫度《たく》、その子公孫康《こう》は曹操《そうそう》に恭順しており、曹操から官爵を授けられている。

二二八年に叔父公孫恭《きょう》から政権を奪った公孫淵も、表面的には魏に服属する形をとっていたが、一方で呉とも誼《よしみ》を通じ、燕王《えん》に封じられた。ところが、公孫淵は呉の使者を斬り、その首を魏に送ってしまうのである。曹叡はこれに対し、公孫淵を大司馬《だいしば》に任じ、楽浪公に封じた。

とはいえ公孫淵の向背《こうはい》に疑念を抱いた曹叡は、その真意をはかるべく、彼を召し出そうと幽《ゆう》州刺史田丘倹《かんきゅうけん》を使者として派遣した。すると公孫淵はこの使者の一行を迎撃し、魏

公孫氏征討と遼東平定

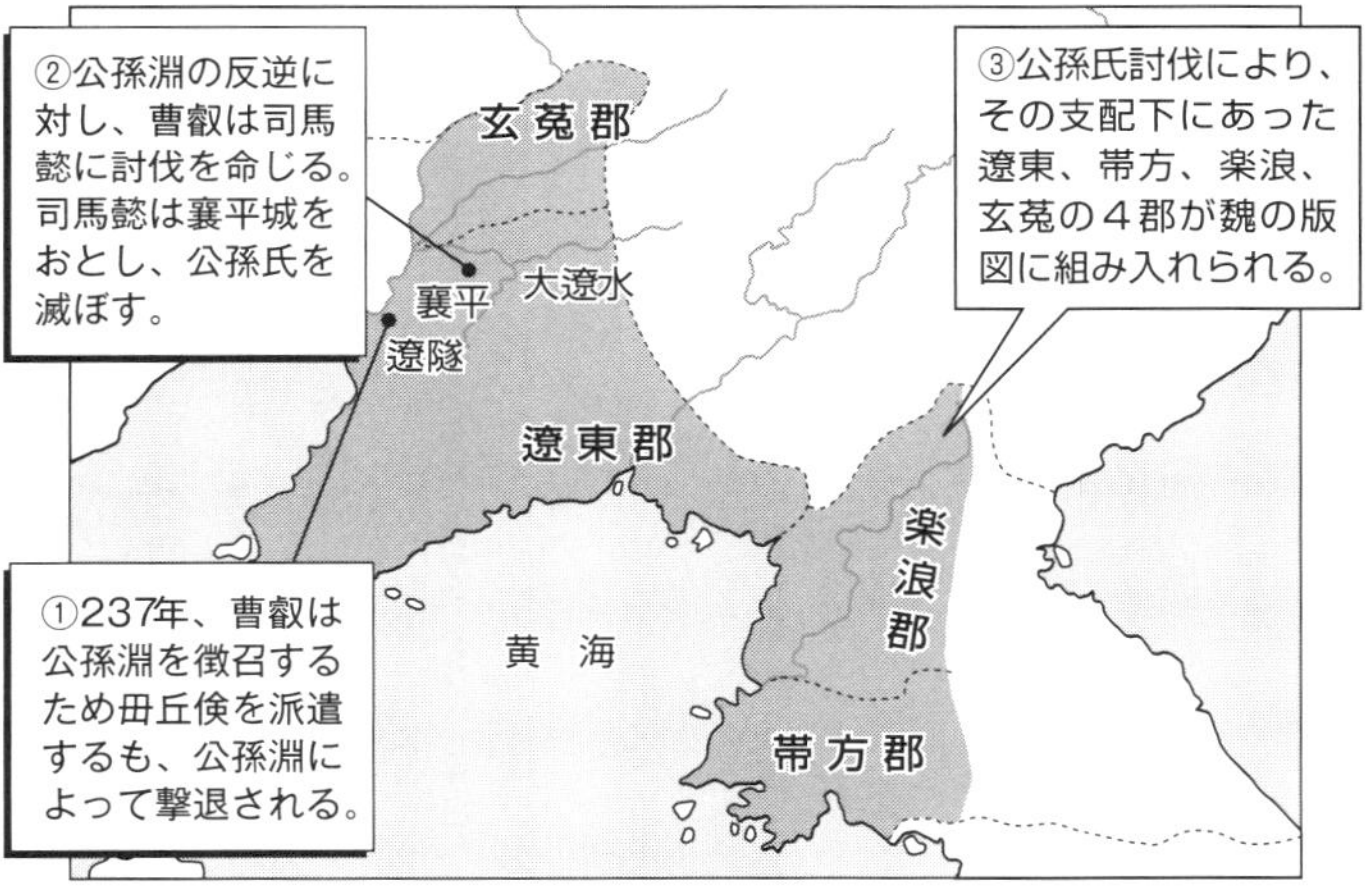

②公孫淵の反逆に対し、曹叡は司馬懿に討伐を命じる。司馬懿は襄平城をおとし、公孫氏を滅ぼす。
③公孫氏討伐により、その支配下にあった遼東、帯方、楽浪、玄菟の４郡が魏の版図に組み入れられる。
玄菟郡
襄平
大遼水
遼隧
遼東郡
楽浪郡
黄海
帯方郡
①237年、曹叡は公孫淵を徴召するため毌丘倹を派遣するも、公孫淵によって撃退される。

に対して宣戦布告をしたのである。公孫淵は自身を燕王と称し、「紹漢《しょうかん》」、すなわち「漢を紹《つ》ぐ」という元号を定め、独立国を打ち立てたのであった。

翌二三八年正月、曹叡は司馬懿に公孫淵の討伐を命じ、歩騎四万騎を与えた。

公孫淵は毌丘倹を破った遼隧《りょうすい》の地に塹壕《ざんごう》を掘り、魏軍を待ち受けたが、司馬懿はその裏をかいて、公孫淵の本拠地 襄平《じょうへい》へとまっすぐに突き進み、公孫淵が立てこもる襄平城を包囲したのである。八月、食糧が尽き、もはやなす術がなくなった公孫淵は、包囲網を突破し、脱出せんと試みるも、梁水《りょうすい》のほとりで斬られ、ここに公孫氏は滅亡した。

そして遼東・帯方《たいほう》・楽浪・玄菟《げんと》の四郡が、魏の支配下におさまったのである。

呉

孫権と忠臣張昭の対立

二三五年、かたくなに出仕を拒んだ老臣の抵抗

◆波紋を呼んだ公孫淵からの使者

公孫淵の乱は、呉国内でも思いもよらぬ問題を引き起こした。長年呉を支えてきた忠臣張昭《ちょうしょう》と孫権の対立である。

張昭は彭城《ほうじょう》の人で、字を子布《しふ》という。若いときから読書や学問に親しみ、その弁舌は人々に賞賛されるほどであった。一九六年、孫権の兄孫策《そんさく》が会稽《かいけい》太守となったときに召し抱えられ、文武の一切を委ねられた。孫策が亡くなる際には後事を託され、「孫権に君主としての資質がなければ、お前が政権をとるがよい」とまで言わしめたほどの才幹である。

その後、張昭は孫権を呉の主君として立てると、彼をよく補佐した。

ところが、公孫淵が呉に帰順を申し出てきたときのこと。孫権はこれを喜び、公孫淵を燕王に封じる使者を派遣しようとした。ところが張昭は、これに異を唱えた。「公孫淵は本心から呉に帰順しようとしているのではございません。もし公孫淵が心変わりをし、魏に忠誠を示せば、使者は殺され、呉は天下の笑いものになります」と。孫権は張昭の意見

を聞き入れなかった。

自分の異見を用いられなかった張昭は立腹し、以後、病気を理由に参内しなくなった。孫権もこれに怒り、張昭が出てこられないよう家の門を土で塞いでしまう。すると張昭は内側からも土を盛って門を封じ、無言の抵抗を示したのである。

◆君主と参謀の意地の張り合い

果たして、事は張昭の言う通りとなった。呉の使者は公孫淵に殺害され、二度と戻ってこなかったのである。孫権は公孫淵のこの態度に憤り、自ら征討に赴こうとしたが、陸遜《りくそん》に諫められ、思いとどまっている。

その後、自分に非があると悟った孫権は、わざわざ張昭の家にまで赴き、張昭にわびを入れた。しかし、張昭は参内しようとしなかった。これに苛立った孫権は張昭の家の門に火をつけて脅そうとしたが、張昭はますます門を閉じてとりつくしまがない。するとこの騒動を心配した張昭の息子たちが張昭を抱えるようにして外へ引っ張り出してきたので、孫権は彼を自分の車に乗せ、宮中に戻ると改めて謝罪したのであった。

以降しぶしぶながらも朝政に復帰した張昭だったが、二三六年、八十一歳で亡くなった。このとき長子の張承《ちょうしょう》はすでに侯に封じられていたため、末子の張休《ちょうきゅう》が張昭の跡を継いだ。

蜀

蒋琬による北伐計画

二三八年、病によって果たされなかった幻の北伐

◆水運の利用を考えた北伐計画

二三八年、魏が公孫淵の反乱に対応しているころ、劉禅は蒋琬に詔を下した。
「この事変は天の与える好機である。戦いの準備を整え、諸軍を統帥して漢中《かんちゅう》に駐留し、呉の行動開始を待って東西より呼応して敵の隙に乗じよ」。

かくして漢中に出向き、大司馬の官位を加えられた蒋琬は、孔明の死後、途絶えていた宿願ともいえる北伐《ほくばつ》の準備を進めた。

蒋琬はかつて孔明が秦川《しんせん》をうかがいながら兵糧の運搬に苦労して失敗したことを鑑み、水運を利用して東方へ下る策をとった。そのため多くの軍艦をつくり、漢水《かんすい》を下って魏《ぎ》興《こう》・上庸《じょうよう》を攻撃しようともくろんだのである。しかし、この計画は実行に移されず、幻に終わった。蒋琬の持病が篤くなったことに加え、失敗した場合、退路が断たれて退却が困難になるとして諸官の反対にあったからである。

一方、蒋琬は涼《りょう》州の羌《きょう》族にも脅威を感じていた。そのため姜維を涼州刺史とした上で

蔣琬の北伐構想

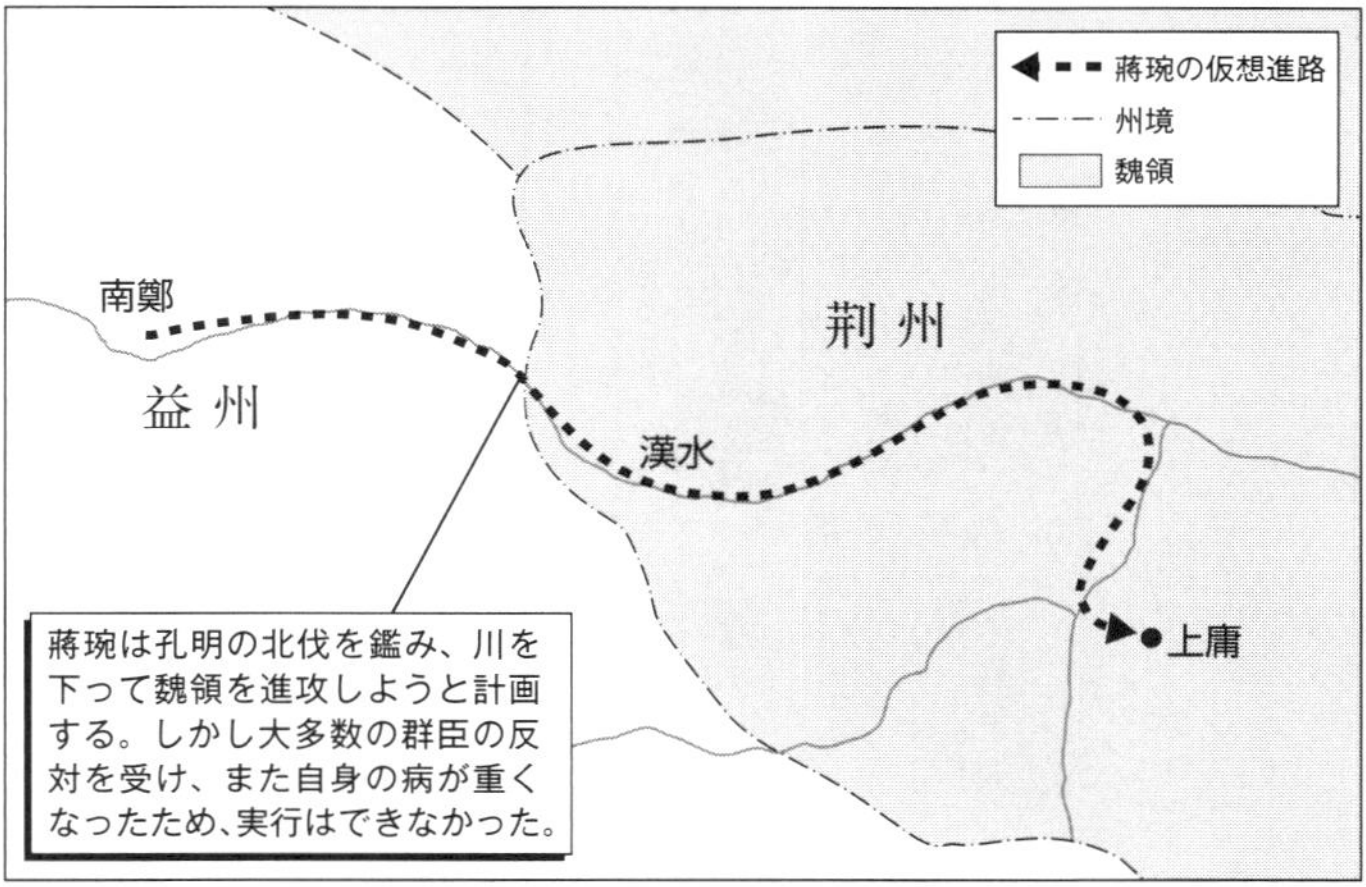
蔣琬の仮想進路
州境
魏領
南鄭
益州
荊州
漢水
上庸
蔣琬は孔明の北伐を鑑み、川を下って魏領を進攻しようと計画する。しかし大多数の群臣の反対を受け、また自身の病が重くなったため、実行はできなかった。

羌族の征討にあたらせ、自身はそのおさえとして涪《ふ》に駐留する旨を上奏している。

羌族とは、中国北西部の甘粛《かんしゅく》省、青海《せいかい》省東部にかけて分布していたチベット系の遊牧民族である。のち、五胡十六国《ごこじゅうろっこく》時代の後秦《こうしん》や西夏《せいか》を建国した民族としても知られる。前一世紀に前漢に服属するも、悲惨な生活を強いられたため、漢王朝にたびたび反乱を起こした。漢王朝は何度も征伐を行なってこれを内地へ移住させたが、漢滅亡の一因は羌族らの制圧に多大な費用を要したからともいわれる。

羌族の平定は今後の蜀の運営、魏の討伐においても最重要だと考えられたが、それが実行されないまま二四六年、蔣琬は病が重くなり亡くなった。そして子の蔣斌《しょうひん》が跡を継いだ。

用語解説
後秦：384 年に羌族の姚萇（ようちょう）が建国。417 年、東晋に滅ぼされる。**西夏**：羌族の 1 部族であるタングート族が 1032 年に建国。貿易で繁栄を遂げた。1227 年、モンゴル帝国によって滅ぼされる。

魏

魏国内で勃発した権力争い

二三九年、曹爽一派が宮中を牛耳る

◆補佐役交代の裏事情

二三八年十二月、公孫淵の反乱制圧後まもなくして、曹叡は病の床についた。曹叡は男子に恵まれなかったため、跡継ぎとして曹芳《そうほう》を養子に迎えていた。このとき曹芳はまだ八歳だった。魏の行く末を心配した曹叡は、二十四日、燕王曹宇《そうう》、領軍《りょうぐん》将軍夏侯献《かこうけん》、武衛《ぶえい》将軍曹爽《そうそう》、屯騎校尉《とんきこうい》曹肇《そうちょう》、驍騎《ぎょうき》将軍秦朗《しんろう》の五人に幼帝曹芳の補佐を命じた。

ところが、そのわずか三日後、事態が急転。改めて司馬懿と曹爽の二人が、曹芳の補政の任に命じられたのである。

このとき暗躍したのは、曹叡の側近、中書監《ちゅうしょかん》劉放《りゅうほう》と中書令孫資《そんし》だった。二人は、自分たちが夏侯献、曹肇、秦朗らから疎まれていることを察していた。そのため、このままでは自分たちの身が危ういと恐れたのである。そこで二人は曹叡の傍らに曹爽しかいないときを見計らって、曹叡の前に進み出、曹宇の代わりに曹爽を大将軍とし、また司馬懿を参与させるとよいと強くおしたのだった。

mini column

ナルシスト・何晏

何晏は後漢の大将軍何進《かしん》の孫で、そののち母尹《いん》氏が曹操の側室として召されたため、曹操の公子らとともに育てられた。何晏は自意識の強いナルシストで、誰にも気兼ねすることなく、常に太子と同じような服装をしていたため、曹丕はとくに憎しみを抱いたという。また、自らの美貌を誇っていつも白粉《おしろい》を持ち歩き、歩くときは常に自分の影の形を気にしていたと伝わる。

一方、正始年間（240 ～ 249 年）に流行した老荘《ろうそう》思想を論じ、道家《どうか》の思想から儒学を論じた『論語集解《ろんごしっかい》』を著わしている。のちにこの思想が竹林《ちくりん》の七賢《しちけん》（竹林の下で清談を楽しんだ７人の知識人）へとつながっていく。

曹叡はこれに同意したが、病篤く筆すらも握れない状態であったため、劉放が曹叡の手を取り、無理やり詔勅を書かせたと伝わる。

二三九年正月、曹叡は三十六歳（三十四歳とも）の若さで亡くなり、曹芳が即位した。郭皇后は皇太后となり、大将軍曹爽と太尉司馬懿はともに侍中《じちゅう》・仮節鉞《かせつえつ》・都督中外諸軍事・録尚書事と文武の大権が与えられた。

◆曹爽一派が政権を独占

こうして曹爽と司馬懿の両頭体制による政権がスタートしたわけであるが、当初は曹爽が年齢も実績も上である司馬懿を重んじていたため、とくに問題もなく、うまく回っていた。

ところが曹爽が何晏《かあん》、鄧颺《とうよう》、丁謐《ていひつ》といった

浮華の徒《ふかと》（空論をもてあそぶ人々）を重用して尚書省の官職につけたことから対立が生じ始める。

人一倍猜疑心《さいぎしん》が強い性格といわれた丁謐から、司馬懿は野心を抱いているため警戒するようにと吹き込まれた曹爽は、司馬懿に疑いの目を向けるようになった。そこで丁謐の策を取り入れ、司馬懿を太傅《たいふ》の地位へと押し上げたのである。太傅は位上は大将軍の上であるが実質的には何の権限も持たない名誉職であり、曹爽は司馬懿を閑職へと追いやることで実権を握ろうとしたのであった。さらに曹爽は、自身の弟たちを中領軍《ちゅうりょうぐん》、武衛将軍、散騎常侍《さんきじょうじ》などの重職につけた。こうして、曹爽一派の権勢が揺るぎないものとなったのである。

取り巻きの何晏らは政治を独り占めし、官物を窃取して私財としたり、州郡の役人たちから賄賂《わいろ》を受け取ったりとやりたい放題。そして自分たちに反抗する者は追い落とし、こびへつらう者で周囲を固めた。

また、曹爽は飲食物、衣服、乗り物などを天子と同様のものとし、珍しい品物で屋敷はあふれ、先帝の女官や武庫の天子直属の兵士を勝手に自分のものとする始末だった。そのなかにあって弟の曹羲《そうぎ》だけは度を越した行ないは禍を招くとして幾度も兄を諫めたが、曹爽はそれを聞き入れず、ますます政治を私物化していったのであった。

曹爽一味の暗躍

曹爽一味
司馬一族
司馬懿を何の実権も持たない太傅の地位へと押し上げ、政権を握ろうと画策する。
大将軍 曹爽
太尉 司馬懿
弟
散騎常侍・侍講へと進位。
中領軍へと進位。
曹義
武衛将軍へと進位。
曹彦
曹訓
取り巻き
司馬懿を太傅に祭り上げるよう曹爽に進言。
丁謐
何晏
畢軌
李勝
鄧颺
一族
司馬懿の長子。中護軍。
司馬懿の弟。尚書令。
司馬孚
司馬懿の次子。征蜀将軍。
司馬師
司馬昭
曹爽に反発
太尉。曹爽一味を排除し、朝政を是正しようとする。
蔣済
曹爽一味が朝政を我がものにしようと画策するなか、司馬懿は形成不利とみて自邸に引きこもった。

魏

曹爽、漢中進攻

二四四年に大敗を喫し、地に落ちた威信

◆曹爽の勇み足で出陣

政権を掌中に収めた曹爽であったが、数々の功績で知られた司馬懿に比べれば、さしたる武功もなかった。

そこで、威名を天下に轟かせるべきだとする李勝《りしょう》や鄧颺らに勧められた曹爽は、二四四年、蜀討伐軍を起こす。

曹爽は六、七万の大軍を率いると、駱谷道《らくこく》から漢中へと進軍した。

このとき蜀側の守備兵は三万にも満たなかったため、魏軍の進攻を知った諸将は慌てふためいた。「漢城《かんじょう》及び成固《せいこ》の楽城《らくじょう》で籠城し、救援を待つべきだ」と主張する諸将もいたが、鎮北《ちんほく》大将軍王平《おうへい》がこれに異を唱えた。

「漢城を奪われれば大変なことになる。ここは劉敏《りゅうびん》と杜祺《とき》を興勢山《こうせいさん》に立てこもらせ、私が後方の備えにあたる。もし魏軍が黄金谷に向かってくるなら、私が千の兵でこれにあたろう」と提言したのであった。

◆蜀軍に翻弄された曹爽

兵力では圧倒的に優位な立場にあった魏軍だったが、興勢山で抵抗を示す蜀軍を撃ち破ることができず、思わぬ苦戦を強いられた。さらにそこへ、涪県から蔣琬が、成都《せいと》から費禕の援軍が漢中に到着したとの報が入る。

このとき曹爽の参謀楊偉《ようい》は、このままでは敗北を喫してしまうため、速やかに帰還すべきだと主張した。

また『漢晋春秋《かんしんしゅんじゅう》』によると、司馬懿が夏侯玄《かこうげん》に「このまま進んで退路を遮断されると全滅しますぞ」と忠告したため、すっかりおじけづいた夏侯玄が曹爽に帰還を進言。曹爽は軍の引き揚げを決心したという。

ところが、撤退の途上を費禕軍に追撃された曹爽軍は、険しい山道で散々に撃ち破られ、死傷者が続出。曹爽はやっとの思いでようやく逃げ戻る始末だった。

こうして、曹爽の遠征は失敗に終わった。この過程で多くの兵を失ったため、彼は功名を立てるどころか、威信を失墜させることとなった。とくに羌族から徴発した輸送用の牛や馬のほとんどが死んだり逃げたりしてしまったため、曹爽は彼らの恨みを買うことになってしまったのである。

呉

熾烈な後継者争い、勃発

国内を二分した孫権の迷い

◆皇太子の早すぎた死

二四一年五月、孫権の長子で皇太子に立てられていた孫登《そんとう》が、三十三歳の若さで亡くなった。

孫登は、狩りのときには農作物を荒らさぬよう良田を避けるなど民衆に迷惑がかからない配慮をしたり、刑罰を緩め、力役を止めるよう孫権に進言したりと、非常に聡明で誰からもその将来が期待された皇太子だった。二三四年に孫権が合肥新城を攻めたときにも、孫登を建業にとどまらせて都の守りを固めさせている。孫権は、この長子を心底信頼していたのである。

この人望のあった皇太子の早すぎる死が、呉の内紛を招く原因となった。

翌二四二年正月、孫権は孫登の弟孫和《そんか》を新しい皇太子に立てた。このとき、孫和は十九歳だった。

孫権は孫和の母王《おう》夫人を非常に寵愛していたため、幼いころから孫和を可愛がっていた。

二分された呉国内

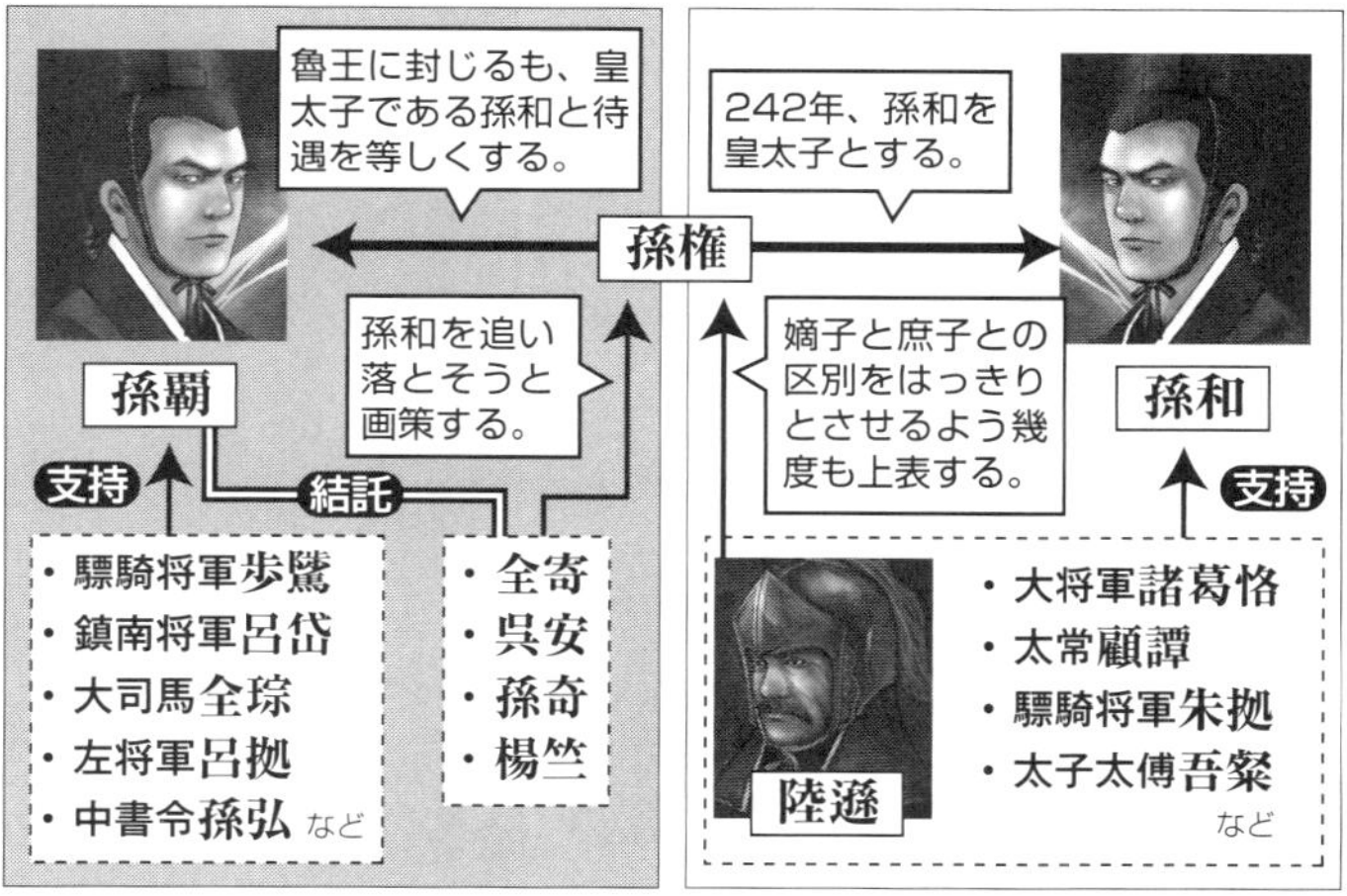
魯王に封じるも、皇太子である孫和と待遇を等しくする。
242年、孫和を皇太子とする。
孫権
孫和を追い落とそうと画策する。
嫡子と庶子との区別をはっきりとさせるよう幾度も上表する。
孫覇
孫和
支持
結託
支持
・驃騎将軍歩騭
・鎮南将軍呂岱
・大司馬全琮
・左将軍呂拠
・中書令孫弘 など
・全寄
・呉安
・孫奇
・楊竺
陸遜
・大将軍諸葛恪
・太常顧譚
・驃騎将軍朱拠
・太子太傅吾粲
など

韋昭《いしょう》の『呉書』によると、孫和に下賜《かし》される衣服や珍しいものなどは、ほかの子とは比較にならないほど立派なものだったという。

また十四歳のときには、孫和直属の官僚機構と護衛兵が設けられるほどだった。

そのため孫登も、父の意を汲んでこの弟を敬愛し、太子の位を譲りたいと考えていたほどであったと伝わる。

孫和自身、優れた能力を持った人物で、文芸を好み、騎馬や弓矢の腕前にも長けていた。

◆孫権の乱心が招いた二宮の変

ところが、あるとき王夫人は孫権の娘全公《ぜんこう》主《しゅ》によって死に追いやられてしまう。そして全公主が、孫和が謀議をこらしているなどの讒言《ざんげん》を孫権に申し立てたため、孫権はこれに

孫和vs孫覇
二四二年、呉国内で孫権の跡を巡り、激しい後継者争いが勃発。群臣も皇太子孫和派、魯王孫覇派にわかれて、対立し、呉の衰退を招く一因となった。

立腹し、孫和に対する愛情は薄れていってしまった。

これが、事件の引き金となる。この状況を見た孫和の同母弟孫覇《そんは》は、ひそかに皇太子の座を狙うようになったのである。

孫権は孫和を太子とした際、孫覇を魯《ろ》王に封じたが、孫覇を気に入っていたために太子とまったく変わらぬ待遇を与えていた。そしてこれを見た群臣たちは孫覇と結託し、孫覇を後継者におしたのである。

このとき孫覇側についたものは、驃騎将軍歩騭《ほしつ》、鎮南《ちんなん》将軍呂岱《りょたい》、大司馬全琮《ぜんそう》、左《さ》将軍呂《りょ》拠《きょ》、中書令孫弘《そんこう》といった顔ぶれだった。

一方、丞相陸遜《じょうしょうりくそん》、大将軍諸葛恪《しょかつかく》、太常顧譚《たいじょうこたん》、尚書丁密《ていみつ》といった人々は礼に従って皇太子に仕え、身分には上下の違いがあり、嫡子《ちゃくし》と庶子《しょし》の区別を明確にすべきだと孫権に主張した。

こうして、国全体が孫和派と孫覇派に二分されてしまったのである。この後継者争いを二宮《にきゅう》の変《へん》という。

孫権はこうした状況を憂慮し、「このまま二人のうちのどちらかを立てれば、必ずや国内に混乱が起きる」と考えた。

そこで皇太子孫和を廃して幽閉し、さらに孫覇には死を賜った。いわゆる喧嘩両成敗と

mini column

袁家の滅亡

殷基《いんき》の『通語《つうご》』によると、重臣たちにまで派閥抗争が広がったとき、孫権は「このままではきっと袁紹《えんしょう》一族のような末路となり、天下の笑いものになってしまう」と言った。

袁紹には３人の子がいたが、そのなかで末子の袁尚《えんしょう》の才を愛し、自分の後継者にしたいと考えていた。しかし正式に後継を指名しない内に袁紹は死亡。すると袁家内部が長子袁譚《えんたん》をおす勢力と袁尚をおす勢力とに二分されてしまい、袁譚と袁尚が争うことになった。

結果的に曹操に降伏した袁譚が袁尚を殺害したものの、自身も曹操に殺されるという末路をたどり、袁氏は滅びてしまったのである。

いった形を取ったのであった。

しかし孫和の幽閉に際し、群臣から激しい抵抗が起こった。驃騎将軍朱拠《しゅきょ》や尚書僕射《しょうしょぼくや》屈晃《くつこう》らは自らを縄で縛り、孫和を許してほしいと幾度も上奏している。が、孫権は自らの意に従わない臣下を厳しく処断した。朱拠や屈晃が棒叩き百の刑を科せられたのをはじめ、このことで誅殺されたり、放逐されたりした者は数十人にものぼったという。結局、孫和は故鄣《こしょう》へと強制移住させられてしまったのであった。

二五〇年、孫権は六十二歳のときに授かったわずか八歳の孫亮《そんりょう》を皇太子とした。こうして多くの犠牲とともに、約十年間にもわたって繰り広げられた泥沼の後継者争いに終止符が打たれたのである。

呉

陸遜の死

二四五年、忠臣をも誅殺してしまった孫権の心のくもり

◆丞相として信頼された陸遜

二宮の変の際、孫権はそれに関わった忠臣を軒並み死に追い込んだ。そのなかには、長きにわたって呉を支えてきた陸遜の姿もあった。

呉郡呉県の生まれである陸遜は、二〇三年、二十一歳のときに孫権に仕えた。

陸遜がその名声を広く知られることとなったのは、二一九年、劉備《りゅうび》の義弟関羽《かんう》を破り、荊州の地を蜀から取り戻すのに一役買ったときのことである。

その後、関羽を殺された怒りのあまりに呉に攻め込んできた劉備を、夷陵《いりょう》で撃ち破っている。

こうして陸遜は孫権から全幅の信頼を得るようになり、二四四年には丞相に任ぜられ、最高責任者として政事を司るようになった。

◆忠臣から逆臣への転落

ところが、二宮の変で陸遜の運命は一変する。孫権が魯王孫覇の待遇を皇太子孫和と等しくしたとき、陸遜はこれがいらぬ混乱を招くと考え、「魯王様は王室の外を守る藩臣《はんしん》でございますから、皇太子殿下とは差別をおつけにならねばなりません」と何度も孫権に上申した。これが、孫権の怒りを買ってしまうことになった。

孫権はこれを聞き入れなかったばかりか、陸遜の甥である顧譚、顧承《こしょう》らが孫和の腹心となっているとの言いがかりをつけ、陸遜を流罪に処したのである。さらにその流刑地にも何度も問責の使者を送って陸遜を責め立てたため、二四五年、陸遜は憤死してしまうのである。六十三歳だった。陸遜の次子陸抗《りくこう》が、その跡を継いだ。

陸遜が死んでからも孫権の怒りはおさまらず、陸抗を呼び出すと、部下が告発した陸遜の二十にも及ぶ疑惑を問いただした。これに対して陸抗はひとつずつ筋道を正して明らかにしたため、孫権は納得して怒りを静めた。

そして二五一年、病が癒え、建業から任地に戻ろうとした陸抗に対し、孫権は「あなたの父上に対して大義に背くようなことをし、本当に申し訳なく思っている」と涙を流して謝罪したのである。

このように孫権が突然心変わりしたのは、晩年になり適切な判断力が失われていたためであろうか。

蜀

宦官黄皓の台頭

蜀、亡国へのプロローグ

◆董允が守った宮中の節度

呉国内が後継者問題でもめていたころ、蜀国内でも宦官《かんがん》の台頭により、宮中内に乱れが生じ始めていた。孔明亡きあと、宮中内を取りまとめていたのは侍中董允《とういん》だった。董允は劉禅が皇太子に立てられた際、劉備から太子舎人《とねり》に任ぜられ、劉禅の世話・教育にあたっていた。公明正大な人柄で孔明の信頼も篤く、孔明が北伐の際に上奏した「出師《すいし》の表《ひょう》」にも宮中の諸事を任せるべき人物のひとりとして、董允の名が挙げられている。劉禅が即位したのちは黄門侍郎《こうもんじろう》となり、宮中における諸事にあたるとともに、劉禅への忠言も怠らなかった。たとえば、劉禅が後宮の女性を増やしたいと望んでも、宮女の数は十分であるとしてそれを許さなかった。劉禅も董允に気兼ねし、羽目を外すことはなかったのである。

やがて劉禅は成長すると、巧みに媚びへつらう宦官黄皓《こうこう》を寵愛し始めるが、董允が目を光らせていたため黄皓も董允には頭が上がらず、劉禅も彼を政治に参加させることもなかった。董允の努力によって、宮中の節度は守られていたのである。

劉禅は、黄皓の甘言に乗せられ、酒と女色に溺れる日々を過ごした。

ところが、重臣たちが次々と亡くなったころから、蜀の歯車は狂い始める。

二四六年、まず孔明に代わり国を切り盛りしていた丞相蔣琬が没すると、劉禅は自ら政務を執るようになった。また同年、董允が亡くなると、代わって陳祇《ちんぎ》が侍中に任じられた。彼は天文、占術など多芸だったため、費禕からも高く評価されていた人物だった。

ところがこの陳祇、あろうことか劉禅の寵愛が黄皓にあるのを見て、この黄皓と結託してしまうのである。そのため黄皓も政治に口出しをするようになり、劉禅は黄皓の甘言に乗せられて、段々と政務を顧りみなくなった。こうして自分の利欲しか考えない者たちが宮中へと深く食い込み、亡国への道が開かれていったのである。

魏

高句麗征討

二四六年、高句麗王を敗走させた毌丘倹の活躍

◆高句麗王の反乱

魏が公孫淵を滅ぼして以降、遼東郡は魏の支配下におさまっていた。ところが二四二年、遼東郡と国境を接する高句麗《こうくり》王位宮《いきゅう》が遼東郡西安平《せいあんぺい》に侵入し、掠奪を働いたのである。

高句麗は、遼東郡の東一千里、現在の中国東北部から朝鮮半島北部にかけた地域を支配していた国で、東は沃沮《よくそ》、北は夫余《ふよ》と境を接していた。丸都山《がんとやま》のふもとに都を構え、広さは二千里、戸数は三万だったが、平原や沢地は少なく、食物を満足に収穫できなかったため、その好戦的な性格も相まってしばしば遼東郡などに侵入し掠奪を行なっていた。

この高句麗の進攻に対し、魏は二四四年、幽州刺史毌丘倹に命じて征討を行なわせた。毌丘倹は歩騎一万を率いて玄菟を出立。二万の兵を率いて待ち構える位宮と梁口《かっこう》で激突した。毌丘倹はこれを難なく撃ち破ると、丸都山に登って高句麗の都をことごとく破壊した。敗れた位宮は、命からがら妻子のみを連れて逃げ隠れるという始末だった。

用語解説

夫余：１世紀から５世紀末にかけて中国東北地方に割拠した国。後漢時代に玄菟郡の支配に属した。５世紀末に高句麗に併合された。
沃沮：前漢武帝の時代に玄菟郡の支配に属し、のち高句麗に臣属。

高句麗征討要図

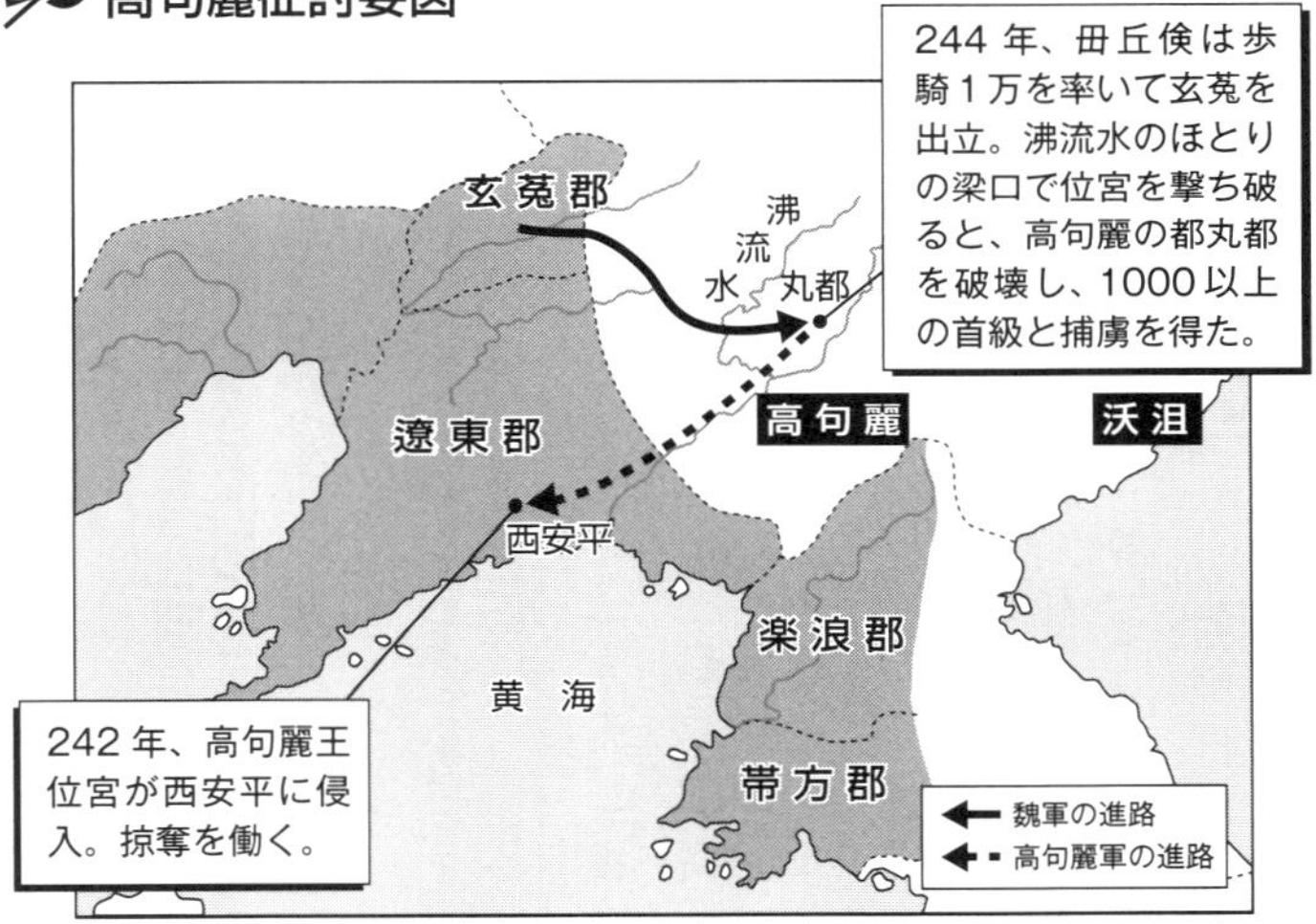
244年、毌丘倹は歩騎1万を率いて玄菟を出立。沸流水のほとりの梁口で位宮を撃ち破ると、高句麗の都丸都を破壊し、1000以上の首級と捕虜を得た。
玄菟郡
沸流水
丸都
遼東郡
高句麗
沃沮
西安平
楽浪郡
黄海
帯方郡
242年、高句麗王位宮が西安平に侵入。掠奪を働く。
魏軍の進路
高句麗軍の進路

毌丘倹は一旦軍を引き揚げたが、二四六年二月、再び高句麗征伐の軍を起こす。

このとき位宮が買溝《ばいこう》へと逃走したため、毌丘倹は玄菟太守王頎《おうき》に命じて位宮を追撃させた。

この戦いで殺害した、または降伏させた高句麗兵の数は八千人余りにものぼったというから、魏軍の勢いがいかに凄まじかったかがわかる。この遠征で功績があり侯となった者も百人余りに及んだ。

なお、高句麗はこのあともしたたかに生き延び、三一三年には楽浪郡を、その翌年には帯方郡を滅ぼしている。

五世紀には百済《くだら》の王都漢城《かんじょう》をおとし勢力を拡大しているが、六六八年、唐《とう》と連合を結んだ新羅《しらぎ》によって滅ぼされた。

魏

羌族の乱

二四七年に起きた反乱をものともしない郭淮の奮闘劇

◆羌族が結託して反乱

高句麗の反乱を鎮圧してまもない二四七年、今度は隴西《ろうせい》、南安《なんあん》、金城《きんじょう》、西平《せいへい》に勢力を張る羌族、餓何《がか》、焼戈《しょうか》、伐同《ばつどう》、蛾遮塞《がしゃさい》らが結託して魏に反乱を起こした。先の曹爽に対しての恨みが、ここに爆発したのである。涼州の蛮族治無戴《ちぶたい》もこれに呼応。彼らは城邑を攻撃包囲すると、魏軍を徹底的に撃ち破るべく、蜀に援軍を求めた。

魏では討蜀護軍夏侯覇《かこうは》が指揮をとり、為翅《いし》に駐屯してこれに対応。また郭淮《かくわい》が狄道《てきどう》から渢中《ふうちゅう》に入り、南に転じて夏侯覇と合流しようとした。これは、蜀の姜維が夏侯覇を攻撃してくると判断したためである。すると郭淮の読み通り、姜維は為翅を攻撃してきた。そのとき郭淮の軍がちょうど到着したため、姜維はあえなく逃走している。郭淮らは勢いそのままに進軍し、餓何、焼戈らを斬り、羌族を討伐した。このとき降伏した部族は、一万余りにものぼったという。翌二四八年にも、蛾遮塞らは河関《かかん》・白土《はくど》の古城に駐屯し、魏軍に抵抗した。しかしこれも、郭淮によってあっけなく鎮圧されてしまう。郭淮は白土城を占

羌族の反乱要図

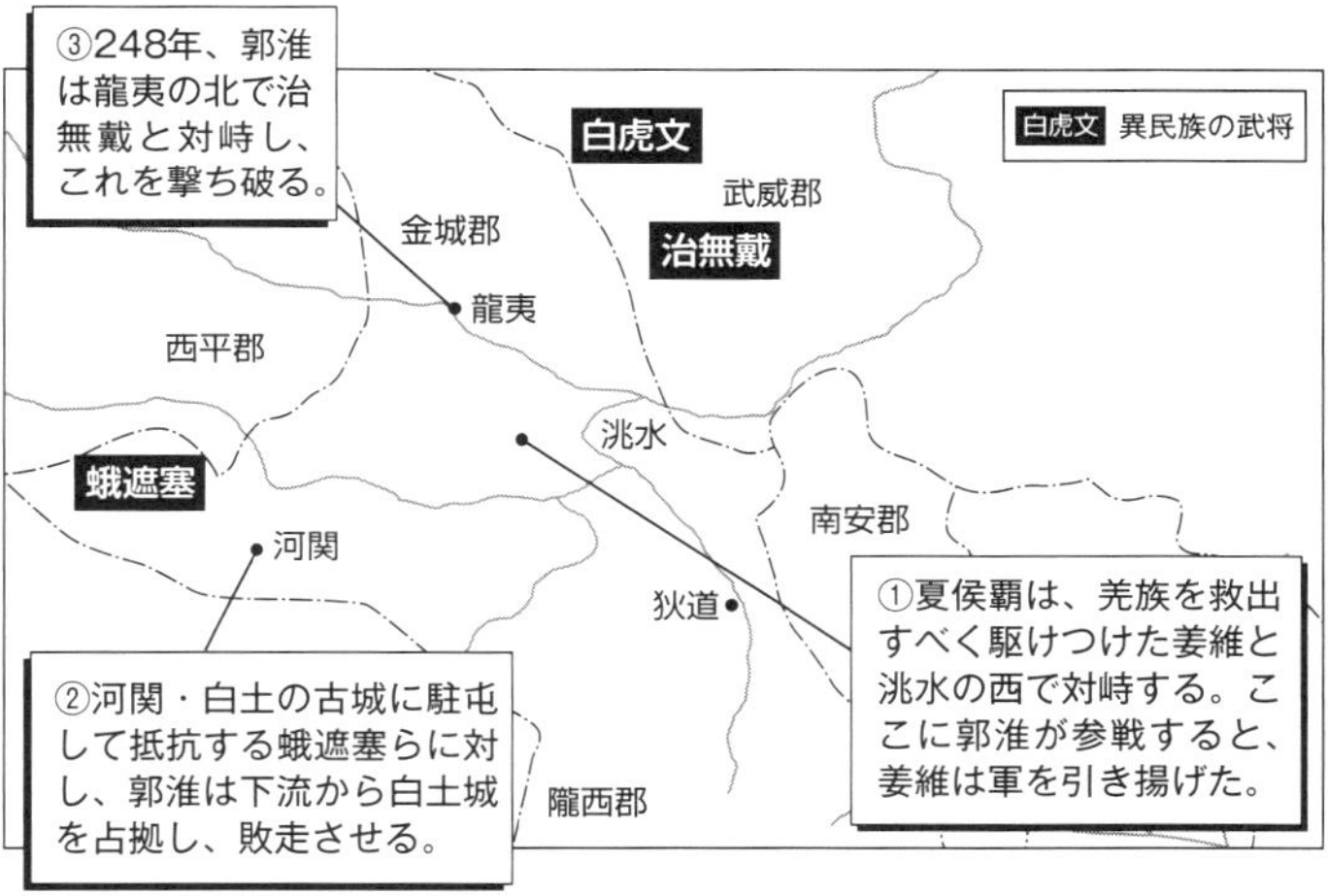
③248年、郭淮は龍夷の北で治無戴と対峙し、これを撃ち破る。
白虎文
白虎文 異民族の武将
武威郡
金城郡
治無戴
龍夷
西平郡
洮水
蛾遮塞
南安郡
河関
狄道
①夏侯覇は、羌族を救出すべく駆けつけた姜維と洮水の西で対峙する。ここに郭淮が参戦すると、姜維は軍を引き揚げた。
②河関・白土の古城に駐屯して抵抗する蛾遮塞らに対し、郭淮は下流から白土城を占拠し、敗走させる。
隴西郡

拠し、これを撃ち破ると、武威《ぶい》を包囲するも敗れて逃走していた治無戴と遭遇したため、これも潰走させた。

こののち、治無戴は蜀に降った。姜維は治無戴を出迎える一方、陰平《いんぺい》太守廖化《りょうか》に要害となる成重《せいじゅう》山に城を築かせ、これを守らせた。

この状況を見た郭淮は、一計を案じる。軍を二手に分け、姜維と廖化の両方に対処しようとしたのだ。これに対して諸将は反対の意を唱えるも、郭淮は「今、廖化を攻めて不意をつけば姜維は狼狽して駆けつける」と言い、夏侯覇に沓中《とうちゅう》の姜維を追わせ、自身は廖化を攻撃した。果たして廖化が攻撃されていると知った姜維が救援に駆けつけてきた。郭淮はそれを待ち構えて攻撃し、蜀軍を潰走させたのである。

用語解説

廖化：？－264。関羽に主簿として仕えるが、関羽の死により呉に降伏。しかし蜀に戻りたい一心で自分が亡くなったとの嘘を流し、ひっそりと呉を抜け出し、蜀に戻った。

魏

司馬懿の芝居

二四八年、曹爽をたばかった一世一代の演技

◆曹爽の不安の種

周辺諸地域の情勢が不穏な空気に包まれるなか、魏国内では相変わらず曹爽一派による専横政治がはびこっていた。二四七年五月以降、司馬懿が病気と称して引きこもり、政治に参画しなくなったため、邪魔者がいなくなったと安心したのか、曹爽は公然と傲慢《ごうまん》な振る舞いを行なうようになった。しかし一方で、司馬懿の病気はじつは仮病ではないかという不安を抱いていた。

そんなとき、絶好の機会が訪れた。曹爽の派閥のひとり、李勝が荊州刺史として洛陽を離れることになったのである。李勝は南陽《なんよう》郡の人で、都に遊学したときに曹爽と親しんだ。かつて曹叡《そうえい》の治世下では勝手な議論をしているとして逮捕されるなど不遇の身の上にあったが、曹爽が台頭すると取り立てられ、洛陽令、滎陽《けいよう》太守、河南尹《かなんいん》と進んだ人物である。

◆司馬懿の猿芝居にだまされた李勝

用語解説

河南尹：洛陽を含む河南郡の長官。

『魏末伝《ぎまつでん》』によると、曹爽は李勝に命じ、転任の挨拶がてら司馬懿の様子を探りに行かせた。司馬懿は瞬時にその真意を察し、迫真の演技でこれに対応した。

二人の侍女に両脇を抱えられるようにして出てきた司馬懿は、着物を持ってこさせたが、それを落としてしまう。また喉が渇いたから飲み物がほしいと侍女に訴えると、侍女が持ってきた粥をうまく飲むことができずにこぼして胸を濡らしてしまう有様であった。

これをあわれに思った李勝は、「これほどお悪いとは」と驚くと、司馬懿は息も絶え絶えに「死ぬのは時間の問題だ。君は并州《へいしゅう》に行かれるとか。よくよく備えをされるように」と荊州と并州とを聞き違えて返答した。

李勝が「荊州でございます」と訂正すると、ようやく司馬懿は分かったふりをして「年をとり、君の言っていることがよく理解できなかった。荊州に行かれたら立派に手柄を立てられよ。今生の別れになるに違いないので、くれぐれも師《し》（司馬師）と昭《しょう》（司馬昭）とは親しくお付き合いくだされ」と嗚咽をもらしたのだった。

この演技にすっかりだまされた李勝は曹爽に一部始終を伝え、涙を流しながら「もう太傅（司馬懿）の病気は回復不可能です」と言ったため、曹爽は司馬懿に対する警戒心をすっかり解くようになった。

一方の司馬懿は、その陰で着々と曹爽を追い落とす策を練り上げていったのである。

魏

正始の政変

二四九年、司馬氏政権の樹立

◆司馬懿のクーデター

何人《なんびと》も逆らう者はおらず、その権勢が絶頂にあった曹爽だったが、その終幕は唐突に訪れた。二四九年正月、曹芳は曹爽兄弟らを従え、先帝（曹叡）が葬られている高平陵《こうへいりょう》へと墓参りのために行幸《ぎょうこう》した。

曹爽兄弟がみな出払ったこの機を逃さず、司馬懿は曹爽へのクーデターを決行する。これを、正始《せいし》の政変《せいへん》という。

司馬懿はまず郭太后に曹爽兄弟の解任を上奏し、その裁可を得るや否や兵馬を指揮して洛陽城を占拠。そして皇帝直属の軍隊である禁軍を掌握した。

◆曹爽の動揺と司馬懿の揺さぶり

軍権をおさえた司馬懿は、曹芳を出迎えるため、洛水《らくすい》の浮橋《うきばし》のたもとに布陣すると、曹爽を弾劾《だんがい》する上奏文を皇帝に奉った。

mini column

曹爽のぬか喜び

投降した曹爽は最後まで自分が殺されずにすむと信じていたようだ。『魏末伝《ぎまつでん》』によると、監視下に置かれていた曹爽は食糧が不足したため、司馬懿に食糧を求める手紙を送った。すると司馬懿は誠に申し訳ないという丁寧な詫び状とともに、米や生肉、塩、味噌、大豆などを届けさせた。この行動に曹爽は、自分たちは殺されずにすむと喜んだという。

『三国志演義』でも同様の話が展開される。もし食糧を送ってきたらわれわれを殺す気がないということになると弟に言われ、果たして手紙を送ったところ、実際に米などが送られてきた。それを見て「やはり司馬公はわしを殺す気などないのだ」と憂いを忘れて喜んだ曹爽の姿が描かれている。

この上奏文は曹爽の手に渡ったが、この思いがけない事態に曹爽はただ狼狽《ろうばい》するのみだった。とそこへ曹爽の腹心である桓範《かんはん》が、洛陽を抜け出して曹爽のもとへとはせ参じたのである。

これを知った司馬懿は「智恵袋が曹爽のもとへ行ってしまった」と心配したが、太尉蔣済《しょうさい》は「桓範は智恵者ですが、曹爽には彼の策を用いることができないに違いありません」と述べた（干宝『晋書』）。

果たしてそのとおりとなった。桓範は皇帝を奉じて許昌《きょしょう》に向かい、その地を拠点として各地から兵を集めるべきだと徹底抗戦を主張したが、取り乱した曹爽は首を縦に振らなかった。

一方、こうした曹爽の動揺を見透かしたか

用語解説

蔣済：？－249。曹操から曹芳まで曹氏四代に仕える。司馬懿とは親友の仲にあった。

のように、司馬懿はさらに揺さぶりをかけた。

まず曹爽の信頼篤い殿中校尉《でんちゅうこうい》尹大目《いんだいもく》をして、処分が免官のみになることを伝えさせた。さらに曹爽が司馬懿のもとに遣わした侍中許允《きょいん》、尚書陳泰《ちんたい》にも同様のことを伝えさせたのである。

その甘言に乗せられた曹爽は、武装を解除すると、司馬懿に何の抵抗もせずに投降したのであった。

『魏氏春秋《ぎししゅんじゅう》』によると、これまでに蓄えた巨万の富があったことから、「それでも富豪の旦那でいることはできる」と言ったという。

司馬懿に屈した曹爽は罷免され、自宅で監禁状態に置かれた。免官のみで済むと楽観視していた曹爽であったが、その思惑はもろくも崩れ去った。

黄門（宦官）張当《ちょうとう》が曹爽が何晏らと反逆を企てていたと自供したため、曹爽兄弟をはじめ、その一派である丁謐、何晏、李勝、桓範らは一斉に逮捕され、みな三族（父母、妻子、姉妹兄弟）に至るまで処刑されたのである。もちろん司馬懿にとって、予定通りの行ないであることは言うまでもないだろう。

こうして反司馬氏勢力は一掃され、司馬懿が政治の実権を手に入れるに至った。司馬懿、七十一歳のときであった。

政敵を葬り去った司馬懿のクーデター

①洛陽城を制圧し、軍の全権を掌握

司馬懿はまず洛陽城を占拠し禁軍を掌握すると、武装させて洛水へと向かった。

▽

②曹爽を弾劾する上奏文を奉ずる

処分が免官のみという司馬懿の甘言を信じ、武装解除する。

曹爽

戦わずして降伏

司馬懿

▽

③曹爽一味を誅殺し、政権を掌握

魏

夏侯覇の出奔

二四九年、身の危険を感じて蜀へと亡命した魏の忠臣

◆宿敵であった蜀への出奔

宮中を牛耳った曹爽一派を粛清した司馬懿に対し、曹芳は丞相に任じようとした。ところが司馬懿は、なぜかかたくなにこれを拒否している。

その後、正始の政変の余波を受け、魏国内で新たな事件が勃発した。それは討蜀護軍・右将軍夏侯覇の出奔である。夏侯覇の父夏侯淵《かこうえん》は、曹操が挙兵したときから仕え、曹操の覇業を支えた武将であったが、二一八年、劉備によって討ち取られている（『黄忠伝《こうちゅう》』によると、黄忠が定軍山《ていぐんさん》で討ち取った）。そのため夏侯覇は、常に蜀への復讐を誓っていた。

ところが、正始の政変で事態が一変した。夏侯覇は、甥で、曹爽の外弟にあたる征西将軍夏侯玄《かこうげん》の下に属していたが、政変後、その夏侯玄が朝廷に召し寄せられた上、以前から不仲だった郭淮が夏侯玄に代わって征西将軍として赴任してきたのである。そのため夏侯覇は、必ずや災いが自分の身に及ぶに違いないと不安を募らせるようになった。

ここに至り、夏侯覇は魏を出奔し、あろうことか自らが憎んでいたはずの蜀への亡命を

決意したのであった。『魏氏春秋』によると、このとき夏侯覇は夏侯玄にも亡命を勧めたが、夏侯玄は「生きながらえてまで敵国の食客にはなれない」と断り都に向かったという。亡命した夏侯覇は一路陰平《いんぺい》を目指したが、奥深い谷に迷い込んでしまった。食糧もなくなり、馬を殺して食糧とする始末。徒歩で山間を進んだが、どこへ行けばよいか見当すらつかなくなってしまった。とそこへ、夏侯覇の投降の情報を聞きつけた蜀が迎えの兵を寄こし、無事救出したのだった。

◈手厚くもてなされた亡命者

劉禅は夏侯覇の投降を喜び、「君の父は戦場で亡くなったのだ。決して私の父が手にかけたわけではない」と言い訳しつつ、自分の子が夏侯氏の甥にあたるといって夏侯覇を手厚くもてなした。劉禅の皇后は、夏侯覇の従妹と張飛《ちょうひ》との間に産まれた娘だったのである。

『世語《せご》』によると、蜀の朝廷で司馬懿の徳を聞かれた夏侯覇は「一門を栄えさせることに専念している」と答えた。さらに都の優れた人はと尋ねられ、「鍾会《しょうかい》が朝政を取り仕切ると蜀と呉にとって憂うべき事態となるでしょう」と答えている。

一方、魏に残された夏侯覇の子らは、本来なら死罪になるところだが、祖父夏侯淵の勲功に免じて、楽浪郡に配流されるにとどまった。

用語解説　**『世語』**：西晋の郭頒（かくはん）の撰とされる。『魏晋世語』ともいう。

蜀

姜維の北伐

二四九年、孔明の遺志を受け継いだ男の魏進攻

◆北伐の先頭に立つ姜維

魏将夏侯覇が来降した二四九年秋、姜維は孔明以来となる北伐の軍を起こした。

彼は自分に軍事の才能があり、西方の風俗にも精通しているという自信もあったため、まずは羌族の兵を味方に引き入れ、隴《ろう》より以西の地を魏から切り離そうと考えた。

そこで姜維は雍州に出兵し、麴山《きくざん》に二つの城を築かせると、それを句安《こうあん》、李韶《りしょう》の二将に守らせた。そして自らは羌族の人質などを集め、諸郡へと攻め入ったのであった。

この姜維の動きを受け、魏の征西将軍郭淮は、雍州刺史陳泰《ちんたい》と対応策を協議した。

陳泰は、麴城が蜀から遠く離れているために兵糧輸送が必要であること、羌族が積極的に味方しているわけではないことに目をつけ、速やかな城の包囲を提案。郭淮はこの策を採用すると、陳泰に討蜀護軍徐質《じょしつ》、南安太守鄧艾《とうがい》らを統率させて城を包囲させると同時に、糧道と城外の水路を断ち切らせたのである。

城内に閉じ込められた蜀軍の食糧、水は日に日に逼迫した。

姜維の雍州進攻

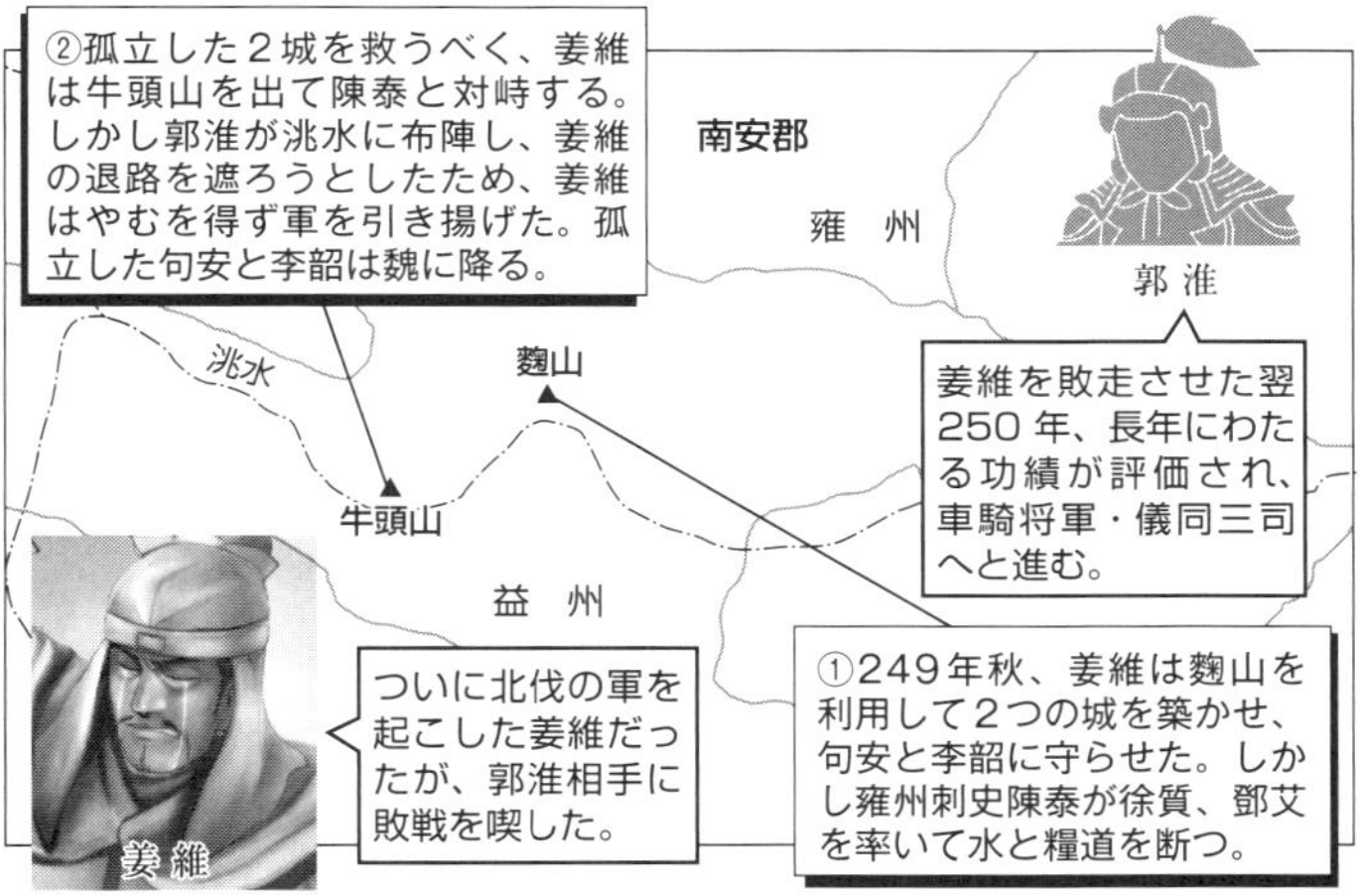
②孤立した２城を救うべく、姜維は牛頭山を出て陳泰と対峙する。しかし郭淮が洮水に布陣し、姜維の退路を遮ろうとしたため、姜維はやむを得ず軍を引き揚げた。孤立した句安と李韶は魏に降る。
南安郡
雍　州
郭　淮
姜維を敗走させた翌250年、長年にわたる功績が評価され、車騎将軍・儀同三司へと進む。
洮水
麴山
牛頭山
益　州
①249年秋、姜維は麴山を利用して２つの城を築かせ、句安と李韶に守らせた。しかし雍州刺史陳泰が徐質、鄧艾を率いて水と糧道を断つ。
ついに北伐の軍を起こした姜維だったが、郭淮相手に敗戦を喫した。
姜　維

それを知った姜維は牛頭山《ぎゅうとうざん》から出て、すぐさま二城の救援に駆けつけた。

　しかし郭淮が姜維の退路を断ち切るように軍を進め、洮水《とうすい》に陣を構えたため、やむなく姜維は逃走。孤立無援となった句安らも、魏に降伏した。

　こうして姜維の北伐は、あっけなく失敗に終わったのであった。

　姜維はこの汚名をそそぐべく、こののちも大軍を率いて北伐を行なうことを望んだが、費禕は「我々は丞相（孔明）にはるか及ばない。丞相でさえ中原の地を平定できなかったのだ。まずは国家を保ち、民を治め、慎んで社稷《しゃしょく》を守るにこしたことはない」といって姜維の思い通りにはさせず、わずか一万の兵を与えるにとどめた。

魏

呉領進攻

二五〇年、三方向から呉を狙う魏軍と呉軍の必死の抵抗

◆三方向から呉に進攻

二五〇年、王昶《おうちょう》は呉が後継者争いの混乱にあることに目をつけ、いまこそ呉と蜀を制圧する絶好の好機であると上奏した。

王昶は太原《たいげん》郡晋陽《しんよう》県の人で、曹丕の皇太子時代から魏に仕えている。洛陽の典農《てんのう》や兗《えん》州刺史をつとめ、多くの田を開墾させたり、『治論《ちろん》』を著わして苛酷で細かい魏の法律を是正しようと試みたりと実績を挙げたため、二三六年に司馬懿に推挙され、正始年間（二四〇―二四九）に征南将軍に昇進した。

これを受けた魏では十二月、荊州刺史王基《おうき》を夷陵《いりょう》に、新城《しんじょう》太守州泰《しゅうたい》を巫《ふ》、秭帰《しき》、房陵《ぼうりょう》に、王昶を江陵《こうりょう》に向かわせ、三方面から呉への進攻をもくろんだ。

江陵へと進軍した王昶は、河の両岸に竹の縄を引っ張って橋をつくり、河を渡って攻撃を仕掛けた。

呉軍でこれに対峙したのは、関羽を捕らえた朱然《しゅぜん》の子で平魏将軍朱績《しゅせき》である。南岸へと

mini column

華美を好んだ諸葛融

諸葛融は諸葛瑾の次子で、諸葛恪の弟である。父の諸葛瑾が死ぬと軍と爵位を引き継いで公安《こうあん》に駐屯した。父と兄の諸葛恪は質素で堅実な人柄だったが、諸葛融は派手好きで贅沢を好み、錦《にしき》や緞子《どんす》、刺繍の模様の入ったきらびやかな服を身につけていたという。公安の駐屯地ではよく宴会を開き、兵士たちをグループにわけ、すごろくや樗蒲《ちょぼ》、投壺《とうこ》、はじき弓などのゲームで対決させると、それを見て楽しみ、またそこには上等な酒や美味で高価な果物などをふんだんに供したとされる。

孫亮が即位すると、奮威将軍に任ぜられたが、兄の諸葛恪が殺害されると、毒を飲んで自ら死を選んだ。

逃げた朱績は七つの道を切り開いて一斉に反撃に出たが、王昶は弩《いしゆみ》を同時に撃ち込んでこれを撃退。このとき、朱績軍は数百人もの戦死者を出す有様だった。敗走した朱績は闇夜に紛れて逃走し、何とか江陵城へと引き返すことができた。

朱績は魏軍優勢のこの現状を打開すべく、諸葛瑾の子で奮威《ふんい》将軍の諸葛融《しょかつゆう》に、王昶らを挟撃するための援軍を求める手紙を送っている。

一方の王昶は、何とか敵を平地に引き出すべく、わざと大道を選んで撤退したように見せかけ、伏兵をしのばせた。

朱績はこれにつられて出撃。緒戦で王昶軍を撃ち破るも、諸葛融の援軍が現われなかったために劣勢となり、逆に押し切られてしまい、敗北を喫した。

◆食糧庫を奪取して勝利へ

一方、夷陵に向かった王基。王基は東萊《とうらい》郡曲城《きょくじょう》県の人で、幼くして孤児となり叔父に育てられたという経験を持つ。若いころから頭角を現わし、司馬懿に中書侍郎《ちゅうしょじろう》に抜擢された苦労人である。

王基は夷陵城に籠城する撫軍将軍歩協《ほきょう》を攻撃するが、守りが固くなかなかおとすことができずにいた。そこで王基は目先を変え、別働隊に雄父《ゆうふ》の邸閣《ていかく》（食糧貯蔵庫）を襲撃させると、米三十万石を奪ったのである。

食糧がなくては籠城などできやしない。これにはさしもの歩協もなす術なく、降伏。その数は数千人に及んだという。

こうして魏軍優勢で戦いは繰り広げられていったが、呉が将軍戴烈《たいれつ》と陸遜の一族である陸凱《りくがい》を送り込むと、戦況は一変。王昶らは、もはやこれ以上攻めきれないと判断して軍を引き揚げ、戦いは終結した。

なお、王昶はこの戦いの功績によって、征南大将軍・儀同三司《ぎどうさんし》に昇進し、京陵《けいりょう》侯の爵位が加増された。

用語解説 **儀同三司**：三公（太尉・司徒・司空）と等しい待遇。

魏軍による呉領進攻要図

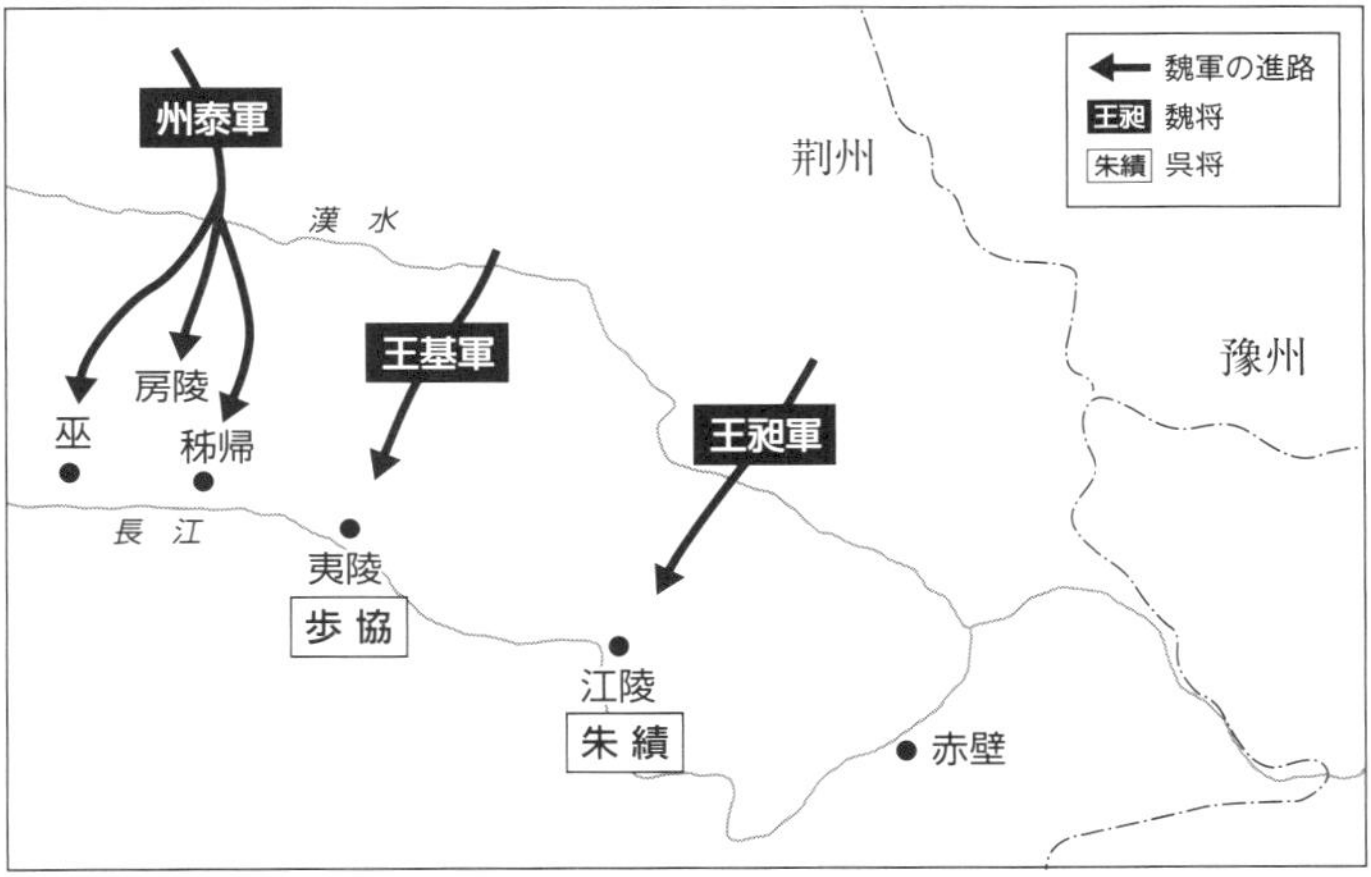

魏軍の進路
王昶 魏将
朱績 呉将
州泰軍
王基軍
王昶軍
荊州
豫州
漢水
長江
巫
房陵
秭帰
夷陵
歩協
江陵
朱績
赤壁

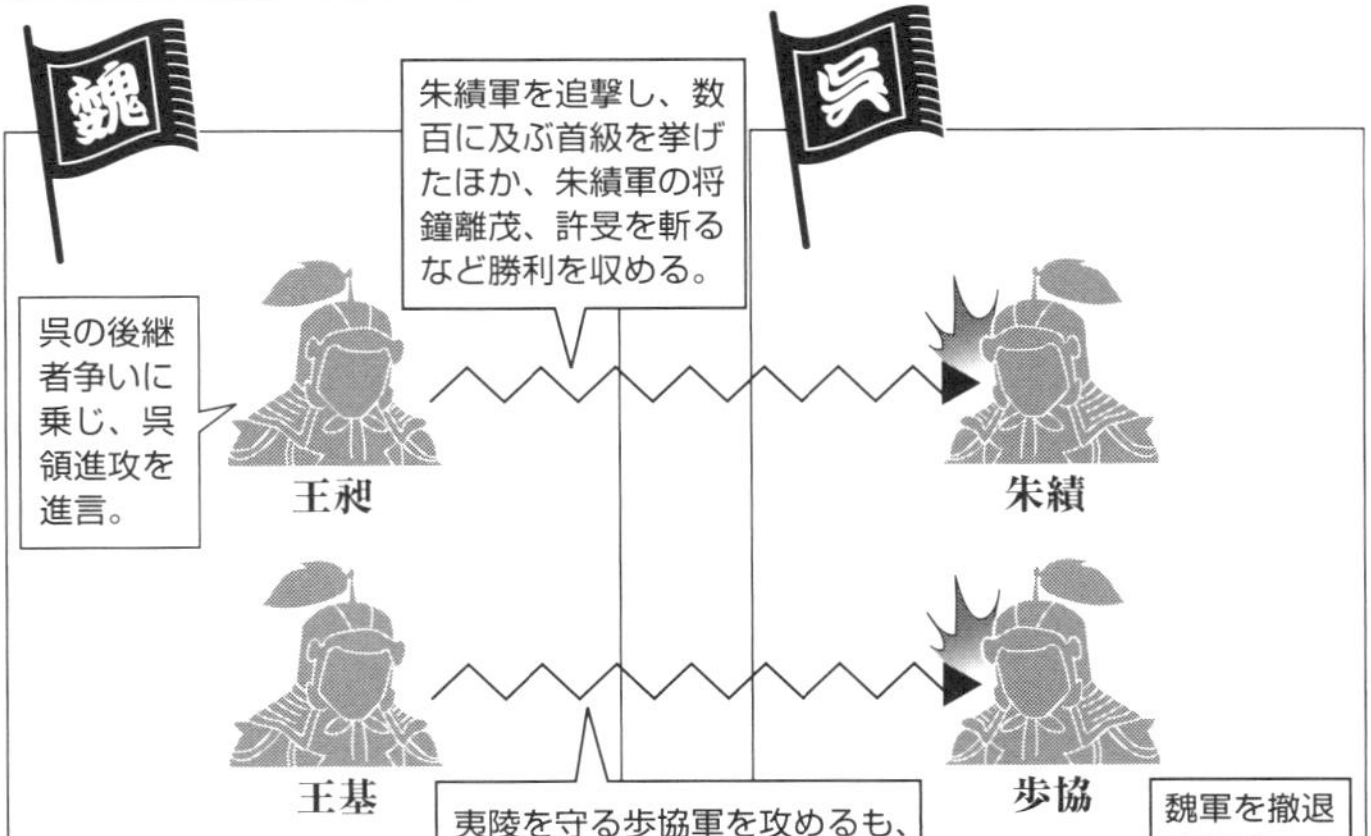

魏
呉
呉の後継者争いに乗じ、呉領進攻を進言。
朱績軍を追撃し、数百に及ぶ首級を挙げたほか、朱績軍の将鐘離茂、許旻を斬るなど勝利を収める。
王昶
朱績
王基
歩協
夷陵を守る歩協軍を攻めるも、固い守りに阻まれたため、雄父の食糧貯蔵所を奪い、数千人の降伏者を受け入れる。
魏軍を撤退させる。
州泰
戴烈・陸凱

魏

皇帝廃位計画

二五一年、司馬懿の専横を見兼ね、曹氏の興隆をもくろんだ密謀

◈老臣が企てた司馬氏打倒計画

正始の政変で政権を握った司馬懿だったが、いよいよ病を患い、出仕もままならなくなった。そこで何か重要な案件が発生したときは、曹芳がわざわざ司馬懿の官邸へと赴き、意見を求めるといった有様だった。

このように司馬懿が魏の政権を牛耳るなか、これを良しとしない人物がいた。そしてひそかに皇帝廃位計画が企てられた。

それは、司馬懿の言いなりとなっている年少の皇帝曹芳を廃し、年長で才能ある楚《そ》王曹《そう》彪《ひょう》を擁立することで曹氏を興隆させ、司馬懿らを排除しようというものであった。

曹彪は曹操の二十五男のひとりで、曹丕の異母弟にあたる。

首謀者は、王淩《おうりょう》とその甥令狐愚《れいこぐ》だった。

王淩は太原《たいげん》郡の生まれで、後漢末に董卓《とうたく》を誅殺した王允《おういん》の甥にあたる。王允の一族は、董卓の元将軍李傕《りかく》、郭汜《かくし》らによって皆殺しにされてしまったが、王淩は兄とともに無事逃

用語解説

董卓：？－192。189年、献帝を擁立して洛陽に入り、権力を独占。独裁の限りを尽くすも、192年、呂布に殺害される。

王淩による皇帝廃位計画

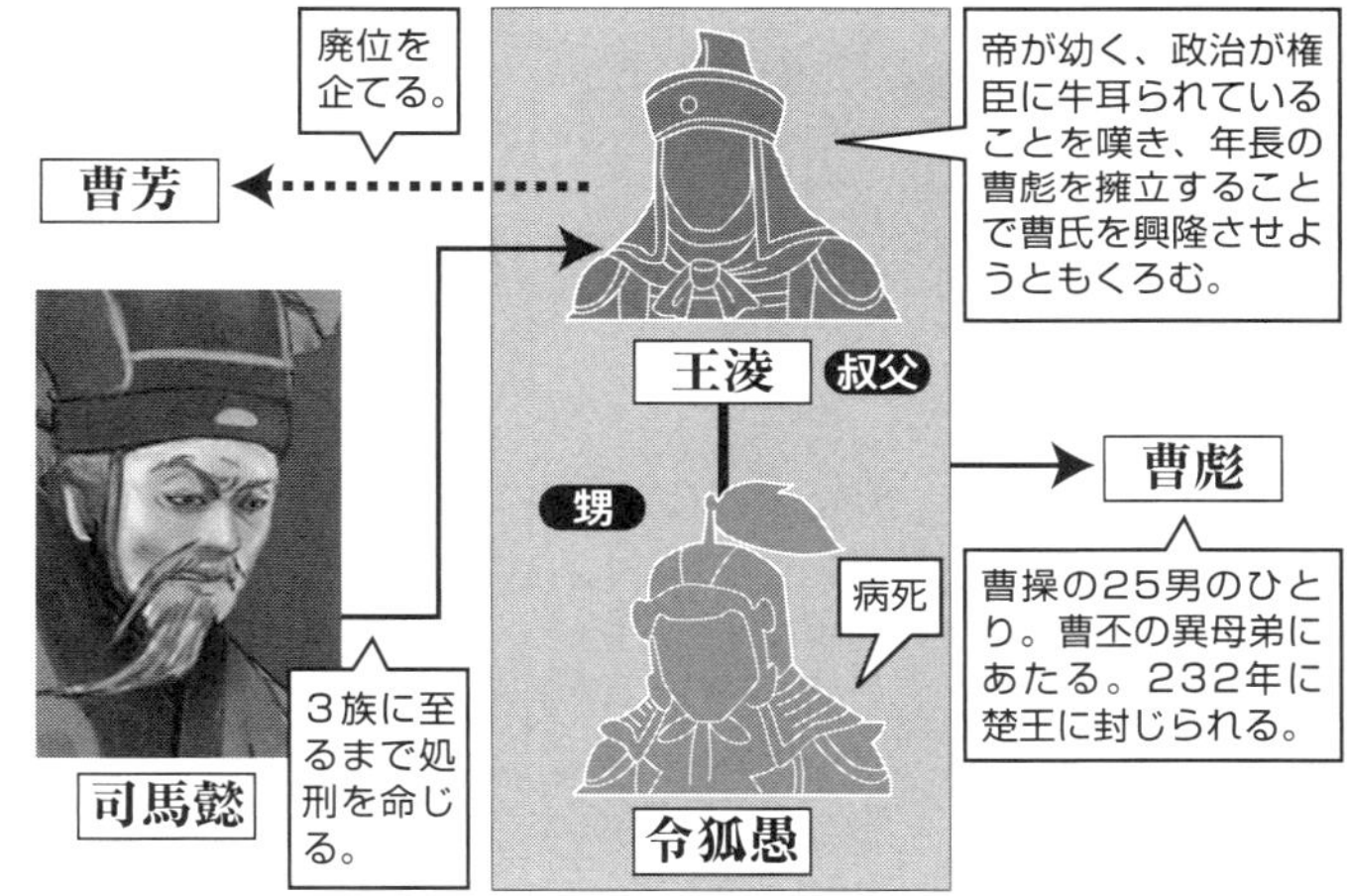
廃位を企てる。
曹芳
帝が幼く、政治が権臣に牛耳られていることを嘆き、年長の曹彪を擁立することで曹氏を興隆させようともくろむ。
王淩
叔父
甥
曹彪
病死
曹操の25男のひとり。曹丕の異母弟にあたる。232年に楚王に封じられる。
3族に至るまで処刑を命じる。
司馬懿
令狐愚

亡することができた。

その後、曹操に見出されてその幕下に加わって以降、配属された任地で着実に実績を挙げたために順調に昇進。曹爽の死後は太尉に進み、節鉞《せつえつ》（軍権を示す旗とまさかり）を与えられている。

また、甥の令狐愚は本名は「浚《しゅん》」であったが、かつて曹丕から「お前はなぜ愚かなのか」と叱責されたことから「愚」に改名したと伝わる。その後その才能が見込まれて兗州刺史に任じられ、平阿《へいあ》に駐屯していた。この二人はともに軍兵を預かり、淮南地方の軍権を掌握していたのである。

ところが二四九年十一月、令狐愚が病死してしまうという不慮の事態に見舞われる。王淩はこれを嘆き悲しんだが、それでも計画の

用語解説

王允：137 － 192。太原の名族王氏の出身で、献帝即位後は司徒へと昇進を果たす。呂布を味方につけ、董卓を殺害した。

実行を諦めなかった。

二五一年春、呉軍が涂水《じょすい》をせき止めるという事件が起きたため、王淩はこれを機とし、呉討伐を求める上奏をした。これが認められれば、軍を率いて直接司馬懿を討つ心積もりだったのである。

しかし、これは認められなかった。

そこで王淩は、兗州刺史黄華《こうか》を仲間に引き込み、事を実行に移そうともくろんだ。黄華はかつて酒泉《しゅせん》において自ら太守を自称して魏に反旗を翻したものの魏に降伏した経歴があり、彼ならば計画に参加するに違いないと考えたのである。

こうして将軍楊弘《ようこう》を黄華のもとへ派遣したのであるが、思惑とは裏腹に二人は連名で事の次第を司馬懿に密告したのだった。

◈司馬懿の逆襲

王淩の叛意を知った司馬懿の行動はすばやかった。自ら中軍を率いて水路、王淩討伐に向かった司馬懿は、進軍と同時に王淩の罪を許す赦令《しゃれい》を下し、また王淩の子で尚書王広《おうこう》に父を説得する書状を書かせたのである。

最期を悟った王淩は、単身船に乗り込むと、自ら後ろ手に縛って司馬懿を出迎えた。こ

mini column

死を予言されていた曹彪

王淩によって担がれた曹彪は、じつは前もってその死を予言されていた。

曹操が魏公だったときに招聘した人物のなかに、人相見の朱建平《しゅけんぺい》という人物がいた。彼の予言はよく的中すると民間でも評判だった。

あるとき、朱建平は曹彪に、「あなたは藩国を預かるが、57 歳のときに兵難に遭いましょう」と予言したのであった。果たして曹彪はのち楚王に封ぜられたが、57 歳のときに王淩に担がれ、王淩と通謀していたという罪で自害を命じられたのである。

れに対して司馬懿はその縛《いまし》めを解かせ、洛陽へと送還した。王淩を護送する船が項《こう》県に至ったとき、王淩は「行年《ぎょうねん》八十、身名《しんめい》ともに滅びるか」と嘆き、自ら毒をあおって自殺した。

こうして首謀者の王淩は亡くなったが、その後、司馬懿が下した処理は、凄惨を極めるものとなった。

曹彪をはじめとして関係者すべてが三族に及んで処刑。王淩と令狐愚に至っては、墓を暴かれたあげく、死体を市場で三日間さらしものにされるという有様で、その遺体は棺に入れられることはなく、直接土に埋められるという悲惨なものだった。

また、今後同様の事件が起こらぬよう、曹氏に連なる王公たちはみな鄴《ぎょう》に集められ、監視下に置かれることになった。

司馬懿の死

二五一年、子に受け継がれた魏簒奪の意志

◆司馬氏の権力継承

二五一年八月、王淩の謀反の始末をつけた司馬懿は病に倒れ、そのまま帰らぬ人となる。七十三歳だった。『晋紀《しんぎ》』によれば、夢に王淩と、彼と親しかった賈逵《かき》が祟りをなす夢を見て、それを気に病んで亡くなったという。

九月、妻の張春華《ちょうしゅんか》が眠る高原陵に合葬された。のちに孫の司馬炎《しばえん》が晋朝を立てると「宣帝《せんてい》」と追号されている。

司馬懿の跡は、長子司馬師が継いだ。曹芳は司馬師に司馬懿と同じ官職を与えると、二五二年には大将軍・侍中・持節都督中外諸軍事・録尚書事に昇進させた。ここに至り、司馬師が政治・軍事のすべての権限を握ったのである。このとき、司馬師は四十五歳だった。

◆父の右腕だった司馬師

なお司馬懿は、この長子の才を認めていたようで、正始の政変に際しては司馬師と策を

用語解説 **『晋紀』**：東晋の干宝（かんぽう）の撰で、『晋書』が成立する以前につくられた18の晋の歴史書『十八家晋史』のひとつ。

練り上げ、次子の昭には実行直前に知らせただけだった。

その決行前夜のこと。司馬懿が二人の様子を探らせたところ、昭はなかなか寝つけないようであったが、師はぐっすり寝込んでいたという。さらに当日の朝、師がひそかに養っていた死士三千が突然出現し、師は彼らと司馬門を守り、その功をもって衛将軍に任ぜられている。司馬師の強心臓ぶりと、用意周到な性格を見て取ることができよう。

また、次のようなエピソードもある。晩年、司馬懿は寵愛の薄れた正妻の張春華に冷たく当たり、見舞いに訪れた妻に「このおいぼれ、何しに来た」と罵声を浴びせた。これを恥じ、且つ怒った妻は自殺を図った。するとそれを知った兄弟は食事をとろうとしなくなった。そのためさしもの司馬懿も詫びを入れたのだが、実際は妻のことなどどうでもよく、自分の出来のいい息子のことを気遣ったがために謝ったのだと言っている。

なお、司馬師は結婚において、のちの政権簒奪につながる布石を打っている。

司馬師の最初の妻は夏侯尚《かこうしょう》の娘で、その母は曹操の娘であった。ところが彼女は二三四年、司馬懿の野心に気づいたため、司馬懿に殺されたという。二人目の妻は曹丕の寵臣呉《ご》質《しつ》の娘だったが、呉質の身分が低いため得るものがないとして別れ、泰山《たいざん》の名族羊衜《ようどう》の娘を三人目の妻に迎えた。

これにより曹氏との縁を断ち切り、名族とのつながりを深めていったのである。

用語解説
賈逵：174 – 228。曹操、曹丕、曹叡の３代にわたり仕える。政治、軍事面で、多くの功績を残した。

column ②…………

『三国志』と日本人

古くから日本人は、『三国志』という壮大な中国の歴史話を好んできた。

日本の記録に『三国志』が初めて登場するのは、『続日本紀《しょくにほんぎ》』の天平宝字《てんぴょうほうじ》4年（760）11月10日の条である。そこには、「大宰府《だざいふ》に六人の舎人《とねり》をつかわし、吉備真備《きびのまきび》から諸葛亮の八陣・孫子の九地篇および軍営の配置法などを学ばせた」と書かれている。また、同書の神護景雲《じんごけいうん》3年（769）10月の条には、称徳《しょうとく》天皇が大宰府に『三国志』を賜ったことが記されている。

平安時代に真言宗《しんごんしゅう》を興した空海《くうかい》に「招提寺《しょうだいじ》の達嚫文《だっしんぶん》」という文章があるが、このなかにも、じつは孔明が登場しているのである。

また鎌倉時代の武士の時代になると、中国の合戦や謀略のストーリーが武士たちの間で本格的に受け入れられ、『太平記《たいへいき》』や『義経記《ぎけいき》』にも劉備と孔明の間柄を示した「水魚の交わり」という表現が見られる。

江戸時代になると、『三国志演義』の通訳本『通俗《つうぞく》三国志』が刊行され、またそれに葛飾戴斗《かつしかたいと》の挿絵を挟んだ『絵本三国志』が発表されたことで、日本に『三国志演義』の世界観が広まることとなった。

明治時代に入ると、軍国教育のなかで主君劉備に忠誠を尽くした孔明が教科書に取り上げられるようになった。

そして昭和14年（1939）から吉川英治が小説『三国志』の執筆を開始したことで、日本における『三国志』人気が不動のものとなったといえる。

第三章

三国時代の終焉

——最後に笑ったのは誰か

魏
進攻
鄧艾
鍾会
蜀征討を命じる
曹髦をないがしろにして国政を掌握。曹髦が亡くなると、曹奐を帝位につける。
司馬昭
誅殺しようとするも失敗
司馬昭の専横ぶりに我慢ならず、司馬昭を殺害しようとするも逆に殺されてしまう。
曹髦
260年、即位。265年、司馬炎に禅譲を迫られ、帝位を譲る。魏、滅亡。
曹奐
禅譲を迫る
晋
杜預
王濬
呉進攻を命じる
司馬炎
265年に晋を建国。279年、呉に進攻、呉を滅ぼし中国を統一する。

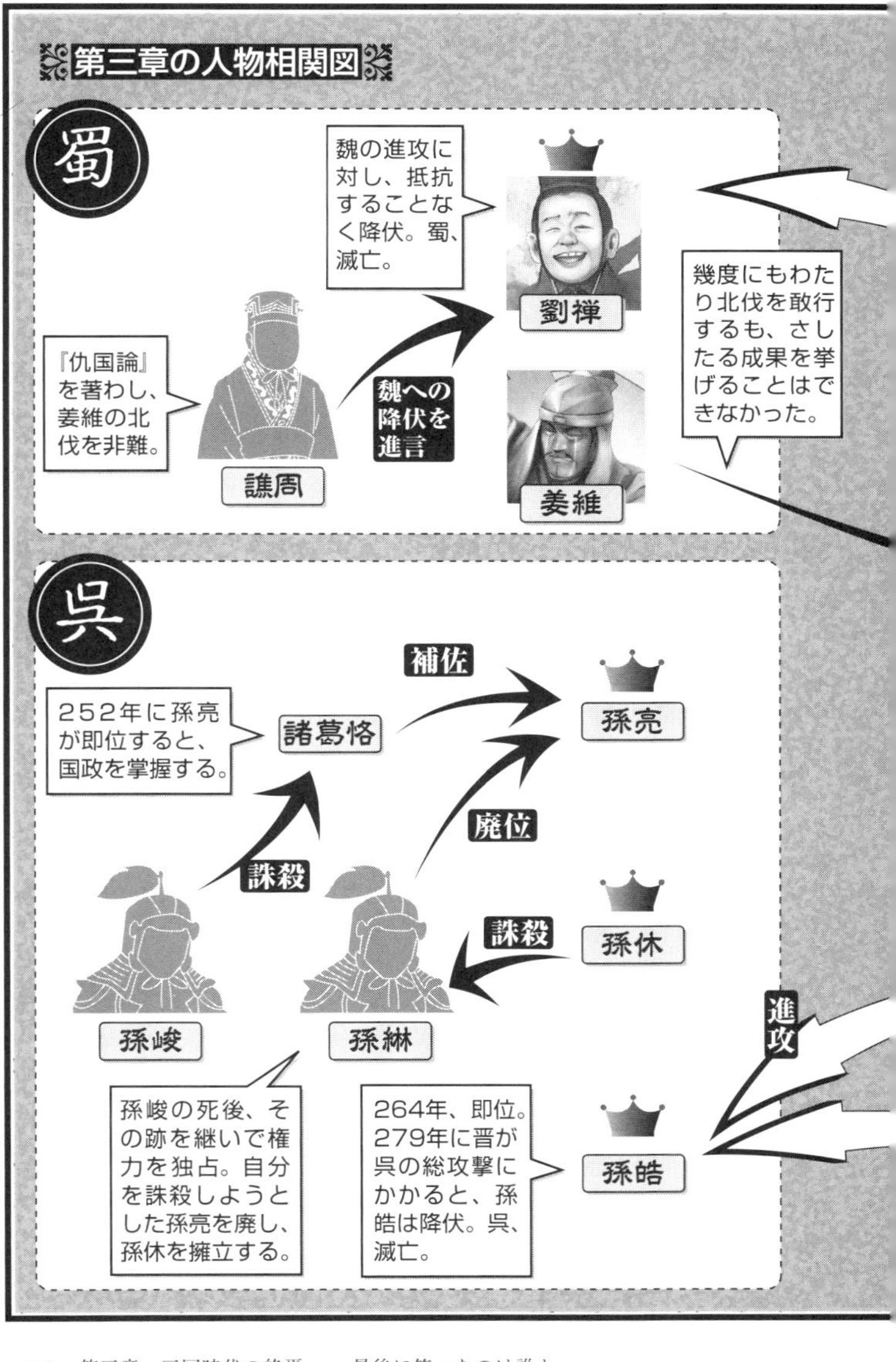
第三章の人物相関図
蜀
魏の進攻に対し、抵抗することなく降伏。蜀、滅亡。
劉禅
幾度にもわたり北伐を敢行するも、さしたる成果を挙げることはできなかった。
『仇国論』を著わし、姜維の北伐を非難。
魏への降伏を進言
譙周
姜維
呉
補佐
252年に孫亮が即位すると、国政を掌握する。
諸葛恪
孫亮
廃位
誅殺
誅殺
孫休
進攻
孫峻
孫綝
孫峻の死後、その跡を継いで権力を独占。自分を誅殺しようとした孫亮を廃し、孫休を擁立する。
264年、即位。279年に晋が呉の総攻撃にかかると、孫皓は降伏。呉、滅亡。
孫皓

呉

孫権の死

二五二年、三国時代を担った英雄の最期

◆病床の孫権の遺言とは

呉《ご》国内を二分した激しい後継者争いの末、結局孫権《そんけん》は、六十二歳のときに誕生した末子の孫亮《そんりょう》を皇太子に立てた。二五〇年十一月のことである。

ところが、その翌二五一年十一月、孫権は病の床につく。死期を悟った孫権が思い悩んだのは、数え九歳の孫亮のことだった。幼い孫亮に、国の舵取りなどできるはずがない。そこで孫権は武昌《ぶしょう》から大将軍《だいしょうぐん》諸葛恪《しょかつかく》を呼び戻し、太子太傅《たいしたいふ》を兼任させるとともに、死刑などの大きな決め事以外の諸事すべての決裁権を諸葛恪に与えたのである。また、中書令《ちゅうしょれい》孫弘《そんこう》には少傅《しょうふ》を兼任させ、諸葛恪、孫弘、太常《たいじょう》滕胤《とういん》、将軍呂拠《りょきょ》、侍中《じちゅう》孫峻《そんしゅん》に後事を託したのであった。二五二年四月、孫権は息を引き取った。七十一歳だった。そして孫亮が、呉の二代皇帝として即位した。

ところが、早くも国内で内乱が勃発する。孫弘は、日頃から諸葛恪と折り合いが悪かった。そのため、孫権が亡くなり、諸葛恪が実権を握った途端、自分が殺されてしまうので

孫権死後の新体制

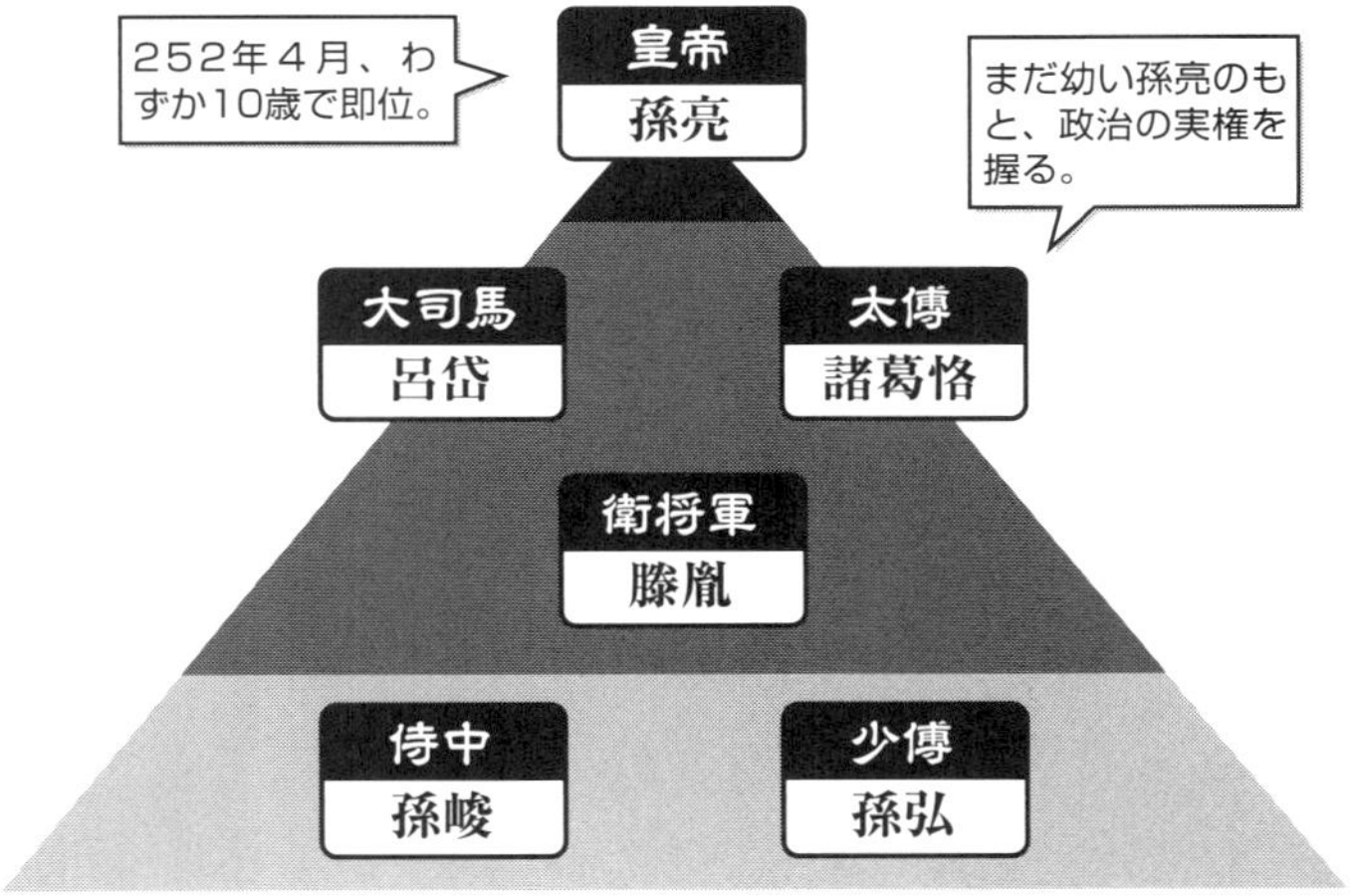
252年4月、わずか10歳で即位。
皇帝
孫亮
まだ幼い孫亮のもと、政治の実権を握る。
大司馬
呂岱
太傅
諸葛恪
衛将軍
滕胤
侍中
孫峻
少傅
孫弘

はないかと不安を抱くようになった。そこで孫弘は、思い切った手段に出る。孫権の死を隠蔽し、その間に遺詔を偽装して諸葛恪を除いてしまおうと企てたのである。

そうした孫弘の企みをいちはやく察知し、諸葛恪に告げ口をしたのが、孫権に諸葛恪を推薦した孫峻だった。孫弘の企みは諸葛恪の知るところとなり、孫弘は諸葛恪に誅殺されてしまうのであった。

こうして実権を握った諸葛恪は、官吏を監察する校官《こうかん》の制度や関税を廃止したり、未納の税金の支払いを免除するなどの政策を行なったため、みな諸葛恪が政治を執ることを喜んだ。諸葛恪が外に出ようとするものならば、民は首を伸ばし、何とか彼の姿を見たいと願ったほどだったという。

魏

東関の戦い

二五二年、油断が招いた魏の大敗北

◆諸葛恪の国境防衛強化策

二五二年十月、諸葛恪は魏との境域にある東興《とうこう》に大きな隄《つつみ》をつくり、さらにその隄を挟む形で東城と西城という二つの城を築いた。なぜ諸葛恪が拠点を築いたかというと、東興を魏におさえられてしまうと、そこから長江沿いに都建業《けんぎょう》を襲撃される恐れがあったからである。

諸葛恪は全端《ぜんたん》と留略《りゅうりゃく》にそれぞれ一千の兵を与えると、彼らに城の守備を命じ、自身は軍を引き返した。

一方の魏では、この諸葛恪の動きに憤り、十一月、征東将軍胡遵《こじゅん》、鎮東将軍諸葛誕《しょかつたん》らに二つの城を壊すよう命じた。

二人は七万の大軍を率いて東興へと進軍。浮橋《うきばし》をつくって水を渡り隄の上に陣を構えると、軍を二分し、二城の攻略を開始した。

これに対して諸葛恪は、四万の軍をもって救援に向かったのであった。

mini column

呉下《ごか》の阿蒙《あもう》

「呉下の阿蒙」とは、昔のままで進歩をしない人間のことをいう。「阿」とは名前の上につけて親しみを込めて呼ぶ接頭語で、「呉下の阿蒙」を直訳すると、「呉の蒙ちゃん」という意味になる。蒙ちゃんとは呉の将軍呂蒙《りょもう》のこと。彼は武勇には優れていたが、教養には欠けていた。そこで孫権《そんけん》が呂蒙に教養を身につけることは武将にも必要だと諭したところ、呂蒙は熱心に学問に励むようになり、やがて知勇を兼ね備えた部将へと変貌した。あるとき武勇だけの呂蒙しか知らなかった魯粛《ろしゅく》が、呂蒙と議論を交わしたところ、その知略を知って驚き、「呉下の阿蒙に非ず」（もう呉の蒙ちゃんではない）と称えたのであった。

二城は険しい地勢の上にあったため、魏軍による城攻めは難航を極めた。その間に諸葛恪は、留贊《りゅうさん》、呂拠、唐咨《とうし》、丁奉《ていほう》を先鋒として進軍させた。

四人は山岳地帯を通って西から上流に向かおうとしたが、これだと遅すぎると考えた丁奉は配下の三千人を引き連れて敵陣へと急行。徐塘《じょとう》に陣を構えた。丁奉は若くして小部隊を任せられ、甘寧《かんねい》、陸遜《りくそん》、潘璋《はんしょう》らの指揮下、秀でた戦功を挙げて昇進を果たしてきた勇猛果敢な将軍である。

ところが、丁奉らが目の当たりにしたのは、酒を酌み交わし、盛んに宴会を催している魏軍の姿だった。

丁奉は部下にこう言った。「領地を頂き、恩賞を手に入れるのはまさに今日である」。

用語解説

甘寧:生没年不詳。劉表、黄祖の下に身を寄せたのち、孫権に仕える。武勇に優れ、孫権の信頼も篤かった。**潘璋**：？－234。合肥や夷陵など数々の戦場で活躍。関羽を捕らえたことでも知られる。

そして丁奉軍は鎧を身にまとわず、ただ兜をかぶり、刀と盾だけを持った状態で魏軍の陣営に攻撃を仕掛けたのである。

この突然の呉軍の襲撃に、魏軍は慌てふためいた。襲撃に驚き、とにかく我先に逃げようと多くの兵が一度に走り出したため、浮橋は壊れて沈み、自ら川へと身を投げ出したり、味方同士で踏みつけ合うなど戦場は惨憺《さんたん》たる有様となった。

ちょうどこのとき呂拠たちが率いる軍も到着したため、魏軍は潰走。魏側の死者は数万にものぼったという。

呉軍は敵陣に残された車や牛馬など数千頭のほか、兵糧や兵器なども大量に手に入れて建業へと凱旋した。

この功績をもって、諸葛恪は陽都侯《ようとこう》に封ぜられたほか、荊州《けい》と揚州《よう》の牧《ぼく》の官をも加増され、さらには国内における軍事全般の指揮を任せられることとなった。まさに、諸葛恪の絶頂期であった。また、丁奉はこの功績をもって滅寇《めっこう》将軍・都郷《ときょう》侯へと昇進を果たしている。

◆魏の司馬師の人心掌握術

東興の戦い要図

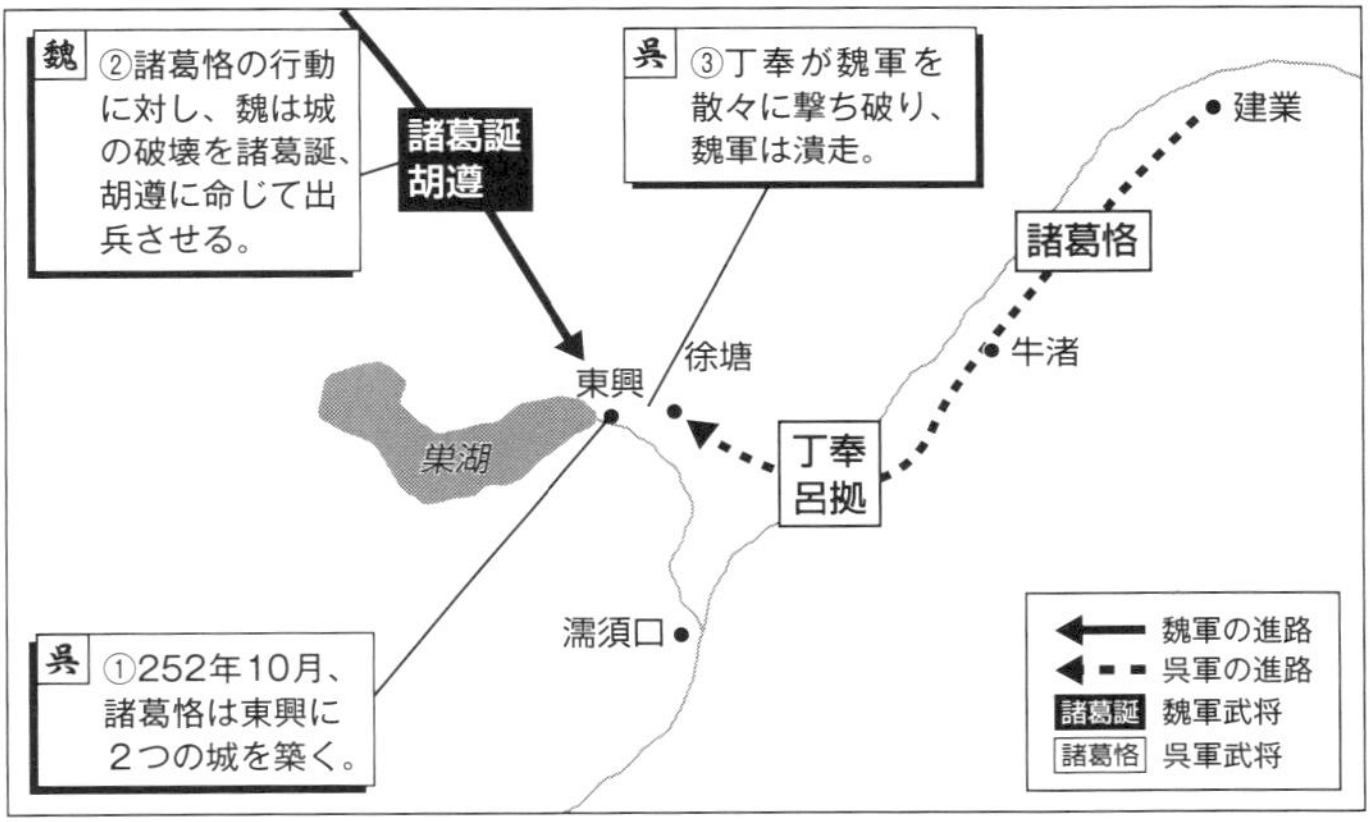
魏
②諸葛恪の行動に対し、魏は城の破壊を諸葛誕、胡遵に命じて出兵させる。
諸葛誕
胡遵
呉
③丁奉が魏軍を散々に撃ち破り、魏軍は潰走。
建業
諸葛恪
牛渚
徐塘
東興
巣湖
丁奉
呂拠
濡須口
呉
①252年10月、諸葛恪は東興に2つの城を築く。
魏軍の進路
呉軍の進路
諸葛誕 魏軍武将
諸葛恪 呉軍武将

252年11月、呉が東興に築いた隄を破壊すべく出兵した魏だったが、呉の前に大敗を喫した。

一方の魏では、呉軍に惨敗を喫した諸将の処罰をどうするかが朝廷で話し合われた。このとき、諸将の官職の減級や免官といった案も出た。

しかし司馬師は、「敗北は、公休《こうきゅう》（諸葛誕）の進言を聞き入れなかった私の責任である。どうして彼らに罪があろうか」と言って諸将を許し、監軍《かんぐん》として諸軍を統帥していた弟の司馬昭《しばしょう》の爵位を削るだけにとどめたのであった。

部下の代わりに自らが責を負うことで、司馬師の評価は上がり、その名声はますます高まることになった。じつは司馬師は人心を掌握するために、あえて自らが敗北の責任をとったといわれる。すべて計算ずくの行動だったのである。

蜀

費禕の死

二五三年、暗殺によって散った蜀国の宰相

◆名宰相と慕われた費禕

蔣琬《しょうえん》の死後、蜀の国政を担った費禕《ひい》の功績・名声は蔣琬に匹敵するものがあった。ただそれでも、費禕はおごりたかぶることはなかった。

元来、慎み深い性格だったため、財を蓄えることもなく、子どもたちにもみな質素な衣服を着せ、簡素な食事をとらせるなど一般の庶民と変わらぬ生活をさせていたという。

そんな費禕は、二四八年に漢中《かんちゅう》に駐屯して以降、そこで政務を執っていた。恩賞や刑罰の沙汰などの重要な事項はすべて都成都《せいと》から費禕のもとへ届けられ、費禕に意見を求めた上で実行されるようになっていた。それほど、蜀にとって欠かせない人材となっていたのである。

二五一年夏、費禕は一度成都《せいと》に戻ったが、そこで占い師から「都には宰相《さいしょう》の位がなくなっている」と言われたため、その言を聞き入れて成都北方の漢寿《かんじゅ》に駐屯し、そこで政務を司ることにした。

◆費禕、暗殺される

しかし二五三年正月、突然の悲劇が蜀を襲った。宴席で費禕が暗殺されてしまったのである。

費禕を殺害したのは、魏からの降将郭脩《かくしゅう》だった。

郭脩はかつて姜維《きょうい》が西平《せいへい》郡をおとし入れた際に帰順させた武将であるが、常に劉禅の命を狙っていた。しかし劉禅の側へは近づくことができず、そのため費禕にその矛先を向けたのであった。

費禕には、以前から帰順した者をすぐ信用してしまう博愛主義者としての側面があった。そのため張嶷《ちょうぎ》は、費禕に少しは警戒するよう戒めた手紙を送っている。果たしてその不安が現実のものとなってしまったのである。

費禕の死後、子の費承《ひしょう》が跡を継ぎ、黄門侍郎《こうもんじろう》となった。費承の弟費恭《ひきょう》は尚書郎《しょうしょろう》となったが、早世している。そして長女は、皇太子劉璿《りゅうせん》の妃となった。

一方、曹芳《そうほう》は、郭脩のこの行動を「我が身を犠牲にして仁を成し遂げ、生命を捨てて信義を選びとった人物である」として讃え、郭脩に長楽郷公《ちょうらくきょうこう》を追封した。また、その子に爵位を継がせ、奉車都尉《ほうしゃとい》の官を与えている。

用語解説　**張嶷**：？－254。20歳で県の功曹となって以来、南中征討や北伐などで活躍し、関内侯（かんだいこう）にまで昇った。

魏

司馬師による皇帝廃位

二五四年、司馬一族の権勢高まる

◈司馬師の冷酷な敵対勢力掃討戦略

蜀が費禕の暗殺で乱れるなか、魏でも皇帝の廃位という大事件が勃発した。事の発端となったのは、司馬師を追い落とそうとするある企てだった。

それは、二五四年二月のこと。中書令李豊《りほう》が光禄大夫《こうろくたいふ》張緝《ちょうしゅう》らと結託し、政権を牛耳る司馬師を排除し、代わりに太常《たいじょう》夏侯玄《かこうげん》を大将軍とし、輔政《ほせい》の任に就かせようとしたのである。

李豊は子の李韜《りとう》が曹叡《そうえい》の娘を娶《めと》っていたため曹氏との関係を持っており、また張緝は曹芳の皇后張氏の父であった。

しかしこの密謀は決行前に発覚し、司馬師は関係者一同を三族に至るまでことごとく誅殺した。

事件はそれだけにとどまらず、司馬師は自分を排除しようとした密謀に曹芳も一枚かんでいるとし、郭太后をおどして曹芳を廃位させる勅を出させたのである。

司馬師独裁への反発

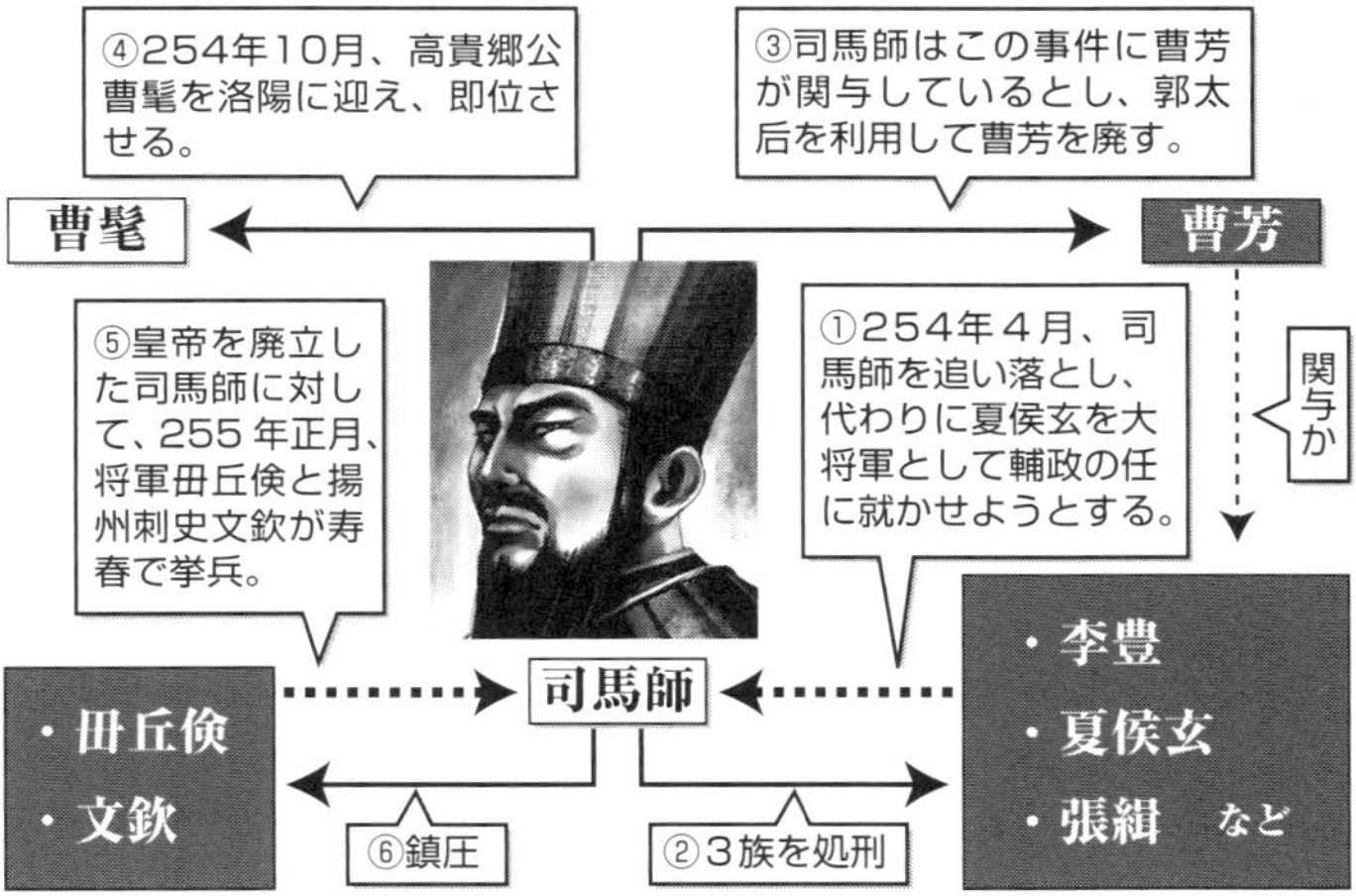
④254年10月、高貴郷公曹髦を洛陽に迎え、即位させる。
③司馬師はこの事件に曹芳が関与しているとし、郭太后を利用して曹芳を廃す。
曹髦
曹芳
関与か
⑤皇帝を廃立した司馬師に対して、255年正月、将軍毌丘倹と揚州刺史文欽が寿春で挙兵。
①254年4月、司馬師を追い落とし、代わりに夏侯玄を大将軍として輔政の任に就かせようとする。
司馬師
・毌丘倹
・文欽
・李豊
・夏侯玄
・張緝　など
⑥鎮圧
②3族を処刑

その内容は、「皇帝曹芳はすでに成人に達しているのにもかかわらず、政治をおろそかにし、女色に溺れ、これでは天の命じた大業を受け継ぎ、祖廟をいただいていくことは不可能である。したがって芳を斉《せい》に帰藩させ、皇位にいることを控えさせる」というものだった。

こうして曹芳は皇位を追われてしまったのである。このとき、曹芳は二十三歳だった。その後司馬炎《しばえん》が晋《しん》を建国すると、曹芳は邵《しょう》陵《りょう》県公に封じられ、二七四年、四十三歳で没している。

曹芳の跡は、高貴郷公《こうききょうこう》の曹髦《そうぼう》が継いだ。当初司馬師は曹丕の子で彭城王《ほうじょうおう》曹拠《そうきょ》を帝位に据えようとしたが、郭太后がこれに抵抗したため、しぶしぶ曹髦を擁立したのであった。

四代皇帝として即位した曹髦はこのとき十四歳だったが、幼いころより学問を好み、非常に英邁であったという。

十月、曹髦は司馬師に黄金の鉞《まさかり》を貸し与え、参内の際には小走りに走らなくてもよい、上奏の際には名前を言わなくてもよい、上殿の際には帯剣したままでよいなどの待遇を与えた。

◈司馬師から司馬昭へ

しかし、司馬師のこの皇帝廃位という強引な行ないは、魏国内に新たな反発を招くことになった。二五五年正月、鎮東将軍毌丘倹《かんきゅうけん》と揚州刺史文欽《ぶんきん》が寿春《じゅしゅん》で挙兵し、反乱を起こしたのである。

このとき、司馬師は悪性の目のこぶを切開したばかりの病身だったが、河南尹王粛《かなんいんおうしゅく》、尚書傅嘏《ふこ》、中書侍郎鍾会《しょうかい》が司馬師自ら軍を率いて征討に赴くことを主張したため、司馬師は曹髦を奉じ、歩騎十万余を率いて進軍した。と同時に諸葛誕と胡遵を安風津《あんふうしん》から寿春、譙《しょう》、宋《そう》一帯に派遣し、毌丘倹と文欽の退路を断たせた。

乱は、一月のうちに鎮圧された。司馬師は守りを固め、決して討って出ることをしなかったため、毌丘倹と文欽は大軍を前に進むことができず、また退路を断たれていたために

mini column

曹丕に虐げられた曹拠

はじめ司馬師は、曹髦ではなく彭城王の曹拠を皇帝として擁立しようとしたが、郭太后の反対によって断念している。曹拠は曹操の子で、魏の初代皇帝となった曹丕の異母弟である。211年に范陽《はんよう》侯に封ぜられたのを手始めに、宛《えん》侯、章《しょう》陵《りょう》王、義陽《ぎよう》王、彭城王、済陰《せいいん》王、定陶県王、彭城王と7回も国替えをさせられた。224年にはそれまでの郡王から県王に格下げされている。これはみな、曹丕が兄弟を冷遇したためである。

曹丕の同母弟曹植《そうしょく》も曹丕に目の敵にされ、20歳のときに平原《へいげん》侯に封じられてから、41歳で亡くなるまで8回の国替えを命じられている。

退くこともできなかった。まさに袋のねずみ状態で、それに加えて兵士に降伏者が続出したのである。文欽軍は沙陽《さよう》で司馬師軍に大敗を喫し、文欽・文鴦《ぶんおう》父子は呉へと亡命した。また毌丘倹もひそかに戦線からの逃亡をはかるも、その途上で安風津都尉配下の張屬《ちょうぞく》に射殺されてしまった。ここに、乱は終結を迎えたのであった。

凱旋した司馬師は、毌丘倹の三族と首謀者十余人を誅殺したが、ほとんどの者の罪を許した。当然これも、人心をつかむための行ないである。

ところが、この戦で司馬師の病は悪化し、そのまま亡くなってしまう。四十八歳だった。のち晋成立後、景帝と追尊された。司馬師の跡は、弟の司馬昭が継いだ。

魏

諸葛誕の乱

司馬昭の声望を高めた二五七年の反乱

◈再び寿春で勃発した乱

寿春での毌丘倹と文欽の乱鎮圧以後、司馬昭を中心とした司馬一族の力はますます強大なものになっていた。

この毌丘倹と文欽の乱で功績があったのが、諸葛誕である。その功績により、諸葛誕は征東大将軍・儀同三司《ぎどうさんし》、都督揚州諸軍事に任ぜられ、寿春に派遣されていた。

このとき、諸葛誕はある不安を抱いていた。以前から親交のあった夏侯玄《かこうげん》、忠臣であった王淩《おうりょう》、毌丘倹が次々と司馬氏に誅殺されていったからである。

そこで自衛のため、いままで蓄えていた金銭を民に施して人心を掌握するとともに、従者、揚州の遊侠《ゆうきょう》一千人に度を越えた恩賞を与え、命知らずの部下としたのだった。

しかし司馬昭は、諸葛誕が疑心の念を抱いていると察していた。そこで二五七年五月、諸葛誕を司空《しくう》に任命し、朝廷へ出仕するようにとの詔書を送ったのである。

この詔書を受け取った諸葛誕は恐怖に駆られ、揚州刺史の楽綝《がくりん》を殺害。ついに挙兵に及

mini column

晋に仕えなかった諸葛靚

諸葛誕が処刑されたのち、呉に派遣された諸葛靚はそのまま呉に仕えた。265年には孫皓から右《ゆう》将軍に任ぜられている。

『世説新語《せせつしんご》』によると、呉の滅亡後、晋は郷里へと戻った諸葛靚を大司馬に任じようとした。しかし彼は司馬氏に父を殺害されたことを恨みに思い、これを拒否した。さらには洛陽《らくよう》のほとりを流れる洛水《らくすい》に対して、いつも背を向けて座っていたという。

また彼の息子諸葛恢《かい》は、317年に東晋が興ると、ただちに招聘された。東晋の元《げん》帝、明《めい》帝、成《せい》帝の３代にわたって仕え、尚書令にまで昇っている。

んだのであった。

諸葛誕は、まず淮南《わいなん》、淮北《わいほく》の屯田兵《とんでんへい》十万余と揚州の精兵四、五万を取りまとめると、末子の諸葛靚《しょかつせい》を人質として呉に派遣し、援軍を求めた。

◆籠城作戦が裏目に出て敗北

乱の報を受けた司馬昭は六月、曹髦と郭太后を奉じ、二十六万の大軍を率いて寿春を包囲した。

籠城戦は続き、十月に入ると寿春城内の兵糧が逼迫するようになった。ここにきて諸葛誕を支えた将軍蔣班《しょうはん》、焦彝《しょうい》をはじめ投降者が相次いだため、二五八年正月、諸葛誕は決死の覚悟で敵の包囲網を突き破り、脱出を試みるも、失敗。多くの死傷者を出す始末とな

用語解説

世説新語：南朝宋の劉義慶（りゅうぎけい）の著。後漢末から東晋までの人物にまつわる逸話を収める。

った。

そしていよいよ兵糧も尽き果て、もはや諸葛誕軍の兵士に戦意はなかった。数万人に及ぶ兵士が、城を出て投降した。

二月、進退きわまった諸葛誕は、旗下の兵を引き連れ、脱出すべく城門の突破をはかった。しかし司馬の胡奮《こふん》に討ち取られ、ここに反乱は終結した。

戦後、諸葛誕の三族は誅殺され、旗下数百人の者も斬首された。このとき、兵たちは降伏を勧告されたが、みな「諸葛誕のために死ねるなら本望である」と言い、諸葛誕の死に殉じたという。

この乱で司馬昭は、自身の権勢を広く世に知らしめたとともに、敵国にもその威徳をとどろかせることとなった。それは、司馬昭が戦後処理において非常に寛大な処置を施したからである。

多くの論者は司馬昭に「呉の兵士はすべて穴埋めにすればよい」と進言した。しかし司馬昭は、「古代から敵国の民を傷つけずに降伏させ、その指導者を処罰するにとどめるのが最上の用兵である。たとえ釈放されて呉の兵士が自国に逃げ帰ったとしても、それは魏の度量の大きさを示すものである」と言い、一人も殺すことなく河南《かなん》、河東《かとう》、河内《かだい》の地に安住させたのであった。

諸葛誕の乱要図

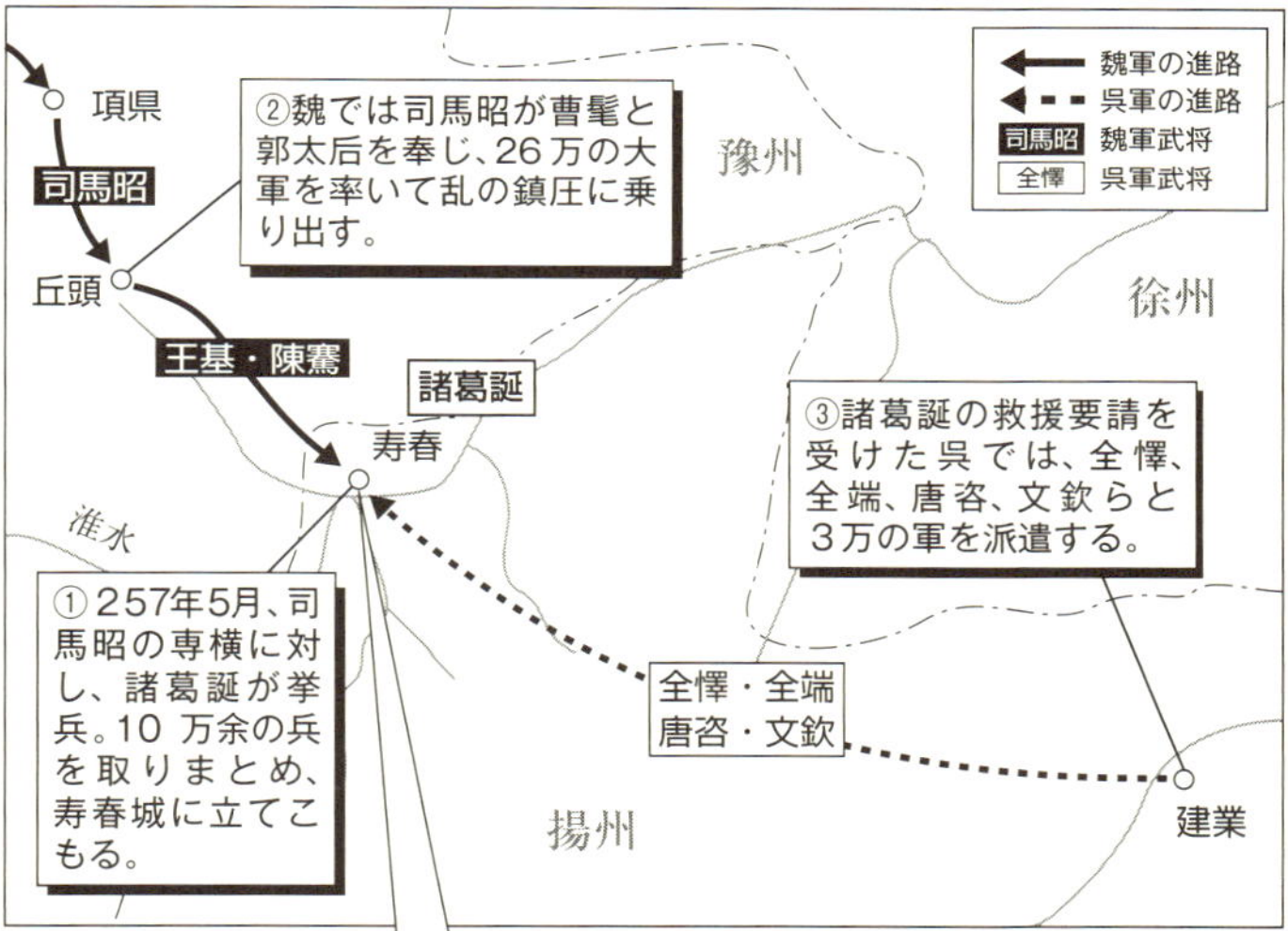

魏軍の進路
呉軍の進路
司馬昭 魏軍武将
全懌 呉軍武将
項県
司馬昭
丘頭
王基・陳騫
諸葛誕
寿春
淮水
豫州
徐州
揚州
建業
全懌・全端
唐咨・文欽
①257年5月、司馬昭の専横に対し、諸葛誕が挙兵。10万余の兵を取りまとめ、寿春城に立てこもる。
②魏では司馬昭が曹髦と郭太后を奉じ、26万の大軍を率いて乱の鎮圧に乗り出す。
③諸葛誕の救援要請を受けた呉では、全懌、全端、唐咨、文欽らと3万の軍を派遣する。

寿春城で立てこもった諸葛誕だったが、籠城戦が長引くうちに食糧が欠乏し、投降する者が相次いだ。258年2月、進退きわまった諸葛誕は単身脱出を試みるも、斬殺された。

呉

孫綝の最期

二五八年、皇帝を廃した男の末路

◆自立を目指した皇帝の悲惨な最期

二五二年、十歳で呉の皇帝となった孫亮だったが、即位して以降、自分で実権を握れないことに不満を抱くようになった。

このとき、呉の実権を握っていたのは、二五六年十一月に大将軍へと進んだ孫綝《そんちん》である。孫綝は、孫堅の末弟孫静《そんせい》の曾孫にあたる。

『呉歴《ごれき》』によると、孫亮は宮中に保管されている文書から過去の孫権の事績を調べ、「先帝（孫権）はしばしばご自身のお考えで命を出しておられたのに、私は大将軍（孫綝）の意見にただうなずくことしかできない」と嘆いていたという。

そこで孫亮は、二五七年、十五歳となったのを機とし、自分で政治を執るようにしたのである。

それまで抗うことをしなかった孫綝の上表にもたびたび反対、反論をするようになり、また兵士の子弟のうち十五歳以上十八歳以下の者から三千人を選抜し、自分の軍をも創設

権臣孫綝と皇帝の対立

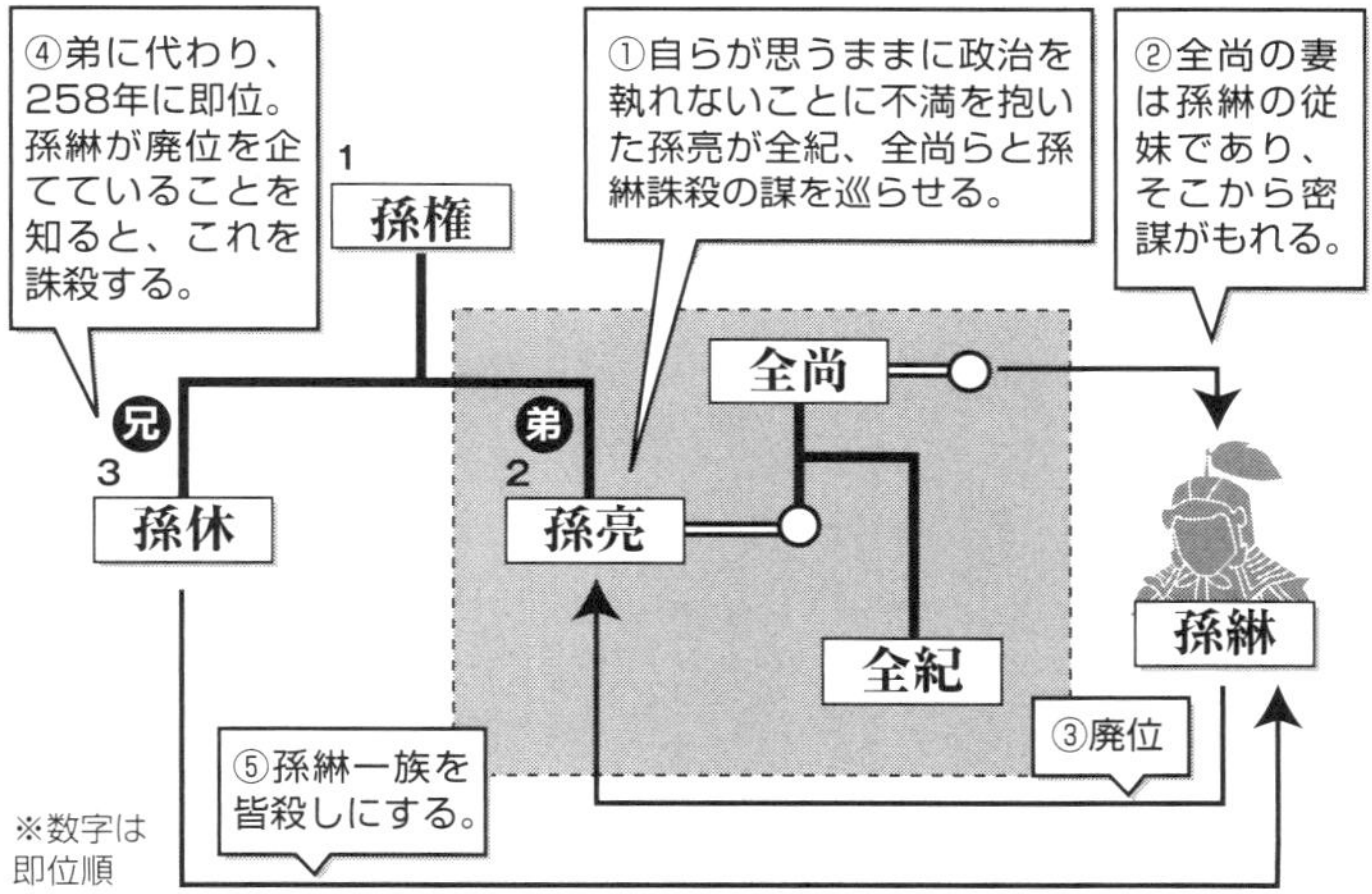
④弟に代わり、258年に即位。孫綝が廃位を企てていることを知ると、これを誅殺する。
①自らが思うままに政治を執れないことに不満を抱いた孫亮が全紀、全尚らと孫綝誅殺の謀を巡らせる。
②全尚の妻は孫綝の従妹であり、そこから密謀がもれる。
1
孫権
兄
3
孫休
弟
2
孫亮
全尚
全紀
孫綝
③廃位
⑤孫綝一族を皆殺しにする。
※数字は即位順

するまでになった。そして二五八年、孫亮はついに孫綝を誅殺せんと、謀略を巡らせたのであった。

しかし、事はあっけなく露見した。

『江表伝《こうひょうでん》』によると、孫亮は黄門侍郎《こうもんじろう》全紀《ぜんき》を呼び寄せ、その父全尚《ぜんしょう》に兵馬を厳戒態勢にさせるよう伝えてほしいと言った。全紀はこれを全尚に伝えたが、全尚はふと妻に事の次第を告げてしまう。

じつは全尚の妻は、孫綝の従姉にあたる。そのため妻は、ひそかに孫綝に伝えたのである。

これに憤った孫綝は、すぐさま兵を差し向けると、全尚ら一味の者を捕らえた。そして孫亮を強制的に廃位し、会稽《かいけい》王となしたのである。孫亮は任地に赴く途上で、自害して果てた。わずか十六年の生涯だった。また孫綝は、全尚を零陵《れいりょう》への、全公主（孫亮の姉）を豫章《よしょう》への流罪と処した。

孫亮を廃した孫綝は、新皇帝として孫亮の兄孫休《そんきゅう》を擁立した。三代皇帝として即位した孫休は孫綝を丞相とし、荆州の牧の任を与えた。

またその弟の孫恩《そんおん》を御史大夫《ぎょしたいふ》・衛《えい》将軍・県侯に、孫拠《そんきょ》を右将軍・県侯に、孫幹《そんかん》を雑号《ざつごう》将軍・亭侯に、孫闓《そんかい》を亭侯に封じた。

同門から五人の侯が輩出されることは、呉の建国以来、はじめての出来事であり、こうして孫綝の権勢は皇帝をも凌駕するものとなったのである。実際孫休は、彼らがクーデターを起こすことを恐れ、たびたび恩賞を授けている。

◈孫綝の最期

ところがある日、事件が起きる。

孫綝が孫休に牛酒《ぎゅうしゅ》（牛肉と酒）を献上しようとしたが、孫休はこれを受け取らなかったのである。

そのことを不満に思った孫綝は、「陛下は、私がいなければ皇帝になれなかったのにもかかわらず、私が献上したものを受け取らないとは何事か。私を一般の臣下のように扱っている。（このような無礼な振る舞いをするならば）もう一度、皇帝の廃立を行なわなければならない」と左《さ》将軍張布《ちょうふ》に言い放ったのであった。

これを伝え聞いた孫休は、表向きは孫綝に従順に振る舞いながらも、孫綝を朝会の席上で誅殺する計画を立てる。そして二五八年十二月、百官が朝賀の席に集ったときに孫綝を捕らえ、殺害したのである。このとき孫綝は二十八歳だった。孫綝の一族の者も、ことごとく処刑された。

孫休は、自分が彼らと同族であることを恥じ、彼らを一族の系譜から外すとともに、どうしても名を呼ばなければならないときには故綝といった具合に孫姓をつけなかったという。

mini column

孫亮の密謀ウラ話

孫綝を誅殺しようとした孫亮だったが、全尚が妻に思わず話してしまったがために計画が露見し、孫綝が兵を率いて宮城を囲むという顚末となった。

このとき、孫亮は非常に悔しがり、丸２日間食事をとることができなかったという。また、「お前の父親が間抜けだったから、おれの計画をだめにしてしまったのだ」と妻全皇后（全尚の娘）をののしったのである。さらに子の全紀を呼び寄せようとしたところ、全紀は「何の面目があってお目通りすることができるだろうか」と父の不注意を恥じ、自害して果てたのであった。

魏

司馬昭暗殺計画

二六〇年、皇帝を殺害した黒幕は誰か

◆皇帝曹髦の決意

一方の魏でも、皇帝曹髦が司馬昭の専横に不満を抱いていた。自らの権威が日に日に失墜していく現状に納得がいかず、怒りをこらえることができなくなっていたのである。

二六〇年五月、ついに曹髦は司馬昭を排除することを決意する。

「司馬昭の本心はもはや誰もが知るところ。私はこのまま黙って退位の恥辱を受けることはできない。いまこそ司馬昭を討ち取るべきである」。曹髦はまず側近である侍中王沈《おうちん》と尚書王経《おうけい》、散騎常侍王業《おうぎょう》の三人に、そのことを打ち明けた。

これに慌てた王経は、曹髦にもう一度考え直すよう自重を求めたが、曹髦の決意は固く、「たとえ死ぬことになろうと何を恐れることがあるか。それに必ず死ぬとは決まってはいない」と言い放ったのである（『漢晋春秋《かんしんしゅんじゅう》』）。

しかし王沈と王業が大急ぎで司馬昭に事の次第を告げたために計画が発覚。司馬昭は、これに対しての備えを行なった。

曹髦のクーデター

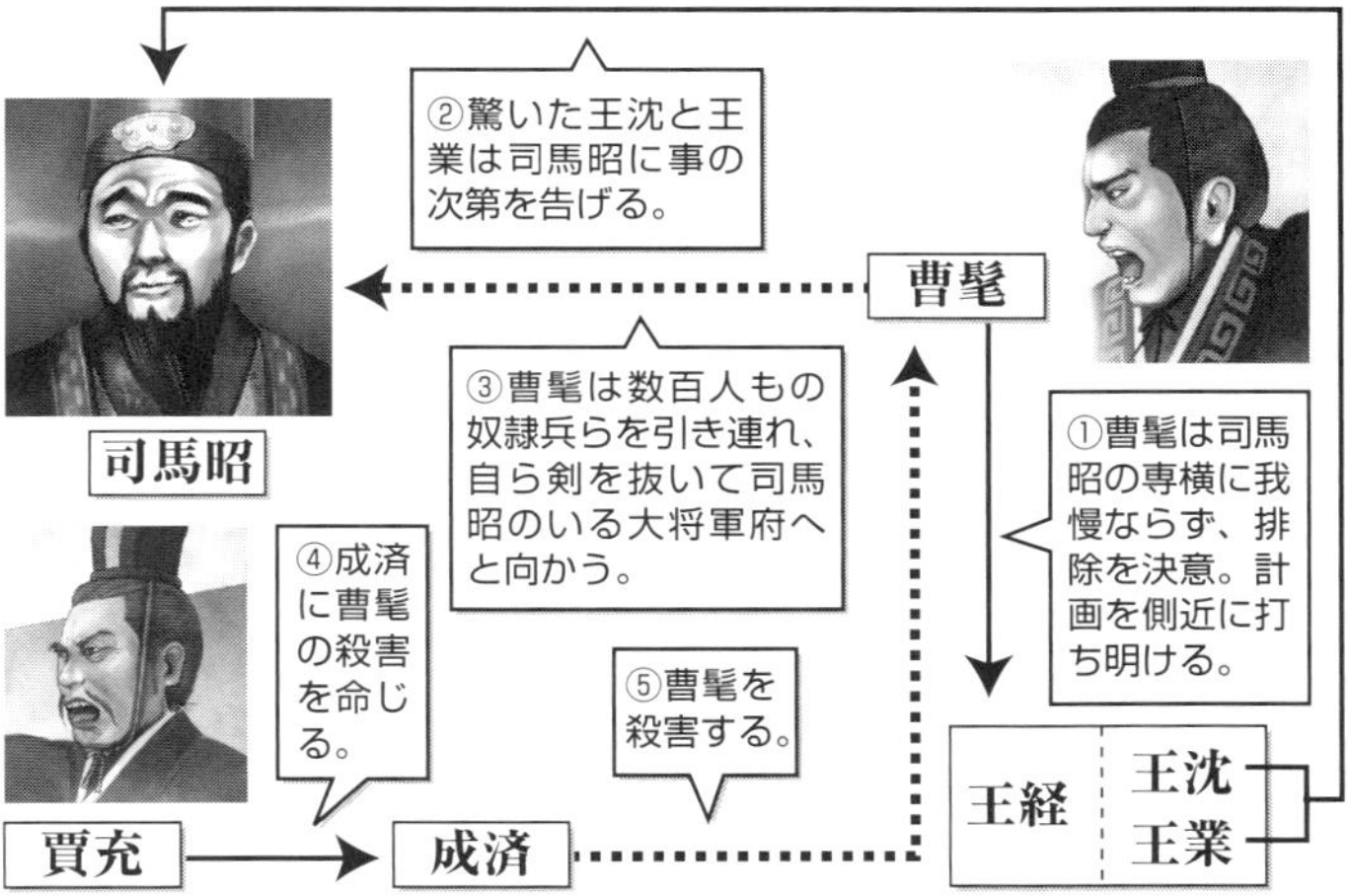
①曹髦は司馬昭の専横に我慢ならず、排除を決意。計画を側近に打ち明ける。
②驚いた王沈と王業は司馬昭に事の次第を告げる。
③曹髦は数百人もの奴隷兵らを引き連れ、自ら剣を抜いて司馬昭のいる大将軍府へと向かう。
④成済に曹髦の殺害を命じる。
⑤曹髦を殺害する。
曹髦
司馬昭
賈充
成済
王経
王沈
王業

計画が洩れたことを知った曹髦だったが、それでも諦めることはなかった。数百人の下僕を率いると、自ら剣を抜いて司馬昭のいる大将軍府へと進軍したのである。

◆皇帝の死

そこに立ちはだかったのは、中護軍賈充《かじゅう》率いる軍だった。

皇帝のあまりの剣幕に兵士たちは逃げ出そうとしたが、賈充は太子舎人の成済《せいせい》に「いままで公（司馬昭）が、お前たちを養ってきたのは、まさに今日のためである。今日のことは、どんなことが起きようとも、問題にはしない」と暗に皇帝の殺害を命じたのである（『漢晋春秋』）。

果たして成済は曹髦を刺殺。こうして曹髦

曹髦の怒り
皇帝でありながらも司馬氏に実権を握られ、自分では何もできないことを嘆いた曹髦は、二六〇年五月、司馬昭を殺害せんと立ち上がる。しかし、計画は失敗に終わった。

のクーデターは、皇帝の死という悲劇の結末で終わったのであった。このとき、曹髦は二十歳だった。

曹髦の死の知らせを聞いた司馬昭は、その身を地に投げ出して嘆き悲しみ、「世の中の人々は、私のことをどのように思うであろうか」と叫んだ。また、太傅司馬孚は殺された曹髦の太ももに身を寄せると、「陛下を殺したのは、私の咎《とが》でございます」と言いながら号泣したと伝わる（『漢晋春秋』）。

同日、郭太后から勅が出された。

その内容は、「かつて曹髦を擁立して明帝（曹叡）の後継者としたが、その性は荒々しく、月日が経過するに従ってひどくなっていくばかりであった。大将軍（司馬昭）は幾度も彼を弁護したが、曹髦は腹を立てて反抗し、矢を私の宮殿に射かけたり、私を暗殺しようと計画したりした。事が発覚したのちは挙兵して私を殺害し、大将軍を捕らえようとしたが、先鋒隊によって殺害された」とともにかく曹髦への誹謗を連ねたものとなっていた。皇帝殺害という重罪を、非道を重ねた曹髦の誅殺へとすり替えようとした司馬昭側の思惑は明らかであろう。

『漢晋春秋』によると、曹髦は洛陽から西北に三十里ほど行ったあたりの瀍澗《てんかん》の浜辺に埋葬されたという。

曹奐の即位

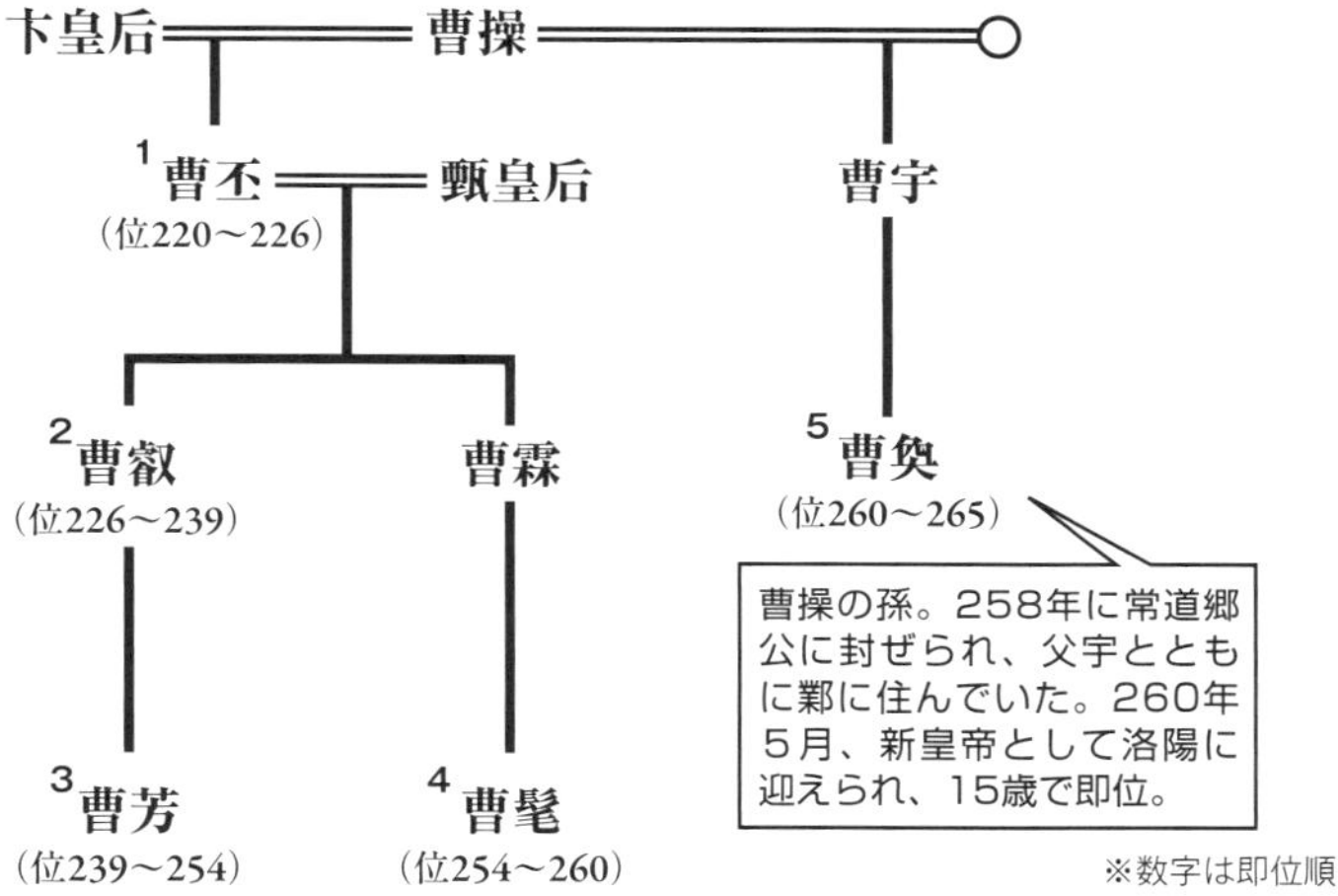
卞皇后
曹操
曹宇
1 曹丕
(位220～226)
甄皇后
2 曹叡
(位226～239)
曹霖
5 曹奐
(位260～265)
曹操の孫。258年に常道郷公に封ぜられ、父宇とともに鄴に住んでいた。260年5月、新皇帝として洛陽に迎えられ、15歳で即位。
3 曹芳
(位239～254)
4 曹髦
(位254～260)
※数字は即位順

これを眺めていた人々は「これは先日殺された天子様だ」と言い、悲しみに耐えきれず、涙を流す者もあった。

事後、司馬昭の上奏により、曹髦を直接殺めた成済が断罪されることとなった。

しかしこれに納得がいかなかったのが、成済である。汚名を着せられた成済は、裸となって宮城の屋根の上に登り騒ぎ立てたが、下から矢を射られ、絶命した。

曹髦の後継には、曹操の孫である常道郷《じょうどうきょう》公璜《こうこう》が選ばれた。

璜は、曹操の子燕王曹宇の子で、二五八年に常道郷公に封じられていた。二六〇年六月、曹璜は名と字が避けにくいという理由で名を奐《かん》と改名し、即位。このとき、曹奐は十五歳だった。

蜀

姜維、連年に及ぶ出兵

度重なる北伐で衰退する国力

◆繰り返される北伐

蔣琬の死後、蜀の国政を担った費禕が暗殺されると、もはや姜維を止める者はいなくなった。

孔明の宿願達成のため、姜維の連年に及ぶ北伐が開始される。

まずは二五三年夏。このとき姜維は、数万の兵を率いて武都《ぶと》から石営《せきえい》に出、南安《なんあん》を包囲した。

しかしこれに対して魏の雍州刺史陳泰が南安の東南に位置する洛門《らくもん》へと進軍し、南安を囲む姜維軍の包囲を突き崩そうとした。これに加え、さらに郭淮が南安に進軍しているとの報が姜維のもとに届けられたため、兵糧もあとわずかであったことから、姜維は隴西《ろうせい》付近へと撤退した。

翌二五四年の北伐では魏将徐質《じょしつ》の首を斬り、河関《かかん》、狄道《てきどう》、臨洮《りんとう》を荒らしまわると、二五五年の北伐では、夏侯覇とともに魏の雍州刺史王経の軍勢を撃ち破る活躍を見せた。こ

mini column

『仇国論』

譙周が著わした『仇国論』は、譙周伝には誰に宛てて書いたかは記されていないが、その内容から姜維に宛てて書かれたことは間違いない。

譙周はこの書のなかで、「弱小国は人民をいたわり、育むことによってのみ、大国に勝てる」「人民の労苦を考え、慎重に戦い、可能な限り少ない回数の戦争で勝つようにしないと、国内に騒動が起こり、国が瓦解する恐れがある」などとの主張をしたが、姜維はこれを容れず、北伐を繰り返して国力の衰退を招いてしまった。

譙周の不安が、現実のものとなってしまったわけである。

のとき数万もの兵を討ち取ったため、この功によって姜維は大将軍に昇進した。

ところが、北伐は姜維の思うような戦果を挙げることができなかった。

二五六年の北伐では段谷《だんこく》で鄧艾《とうがい》に大敗を喫し、このとき斬首された者、生け捕りにされた者をあわせると一万を超えるほどだったという。

そのためこの北伐は国民の恨みを買うこととなり、至るところで騒動が勃発した。姜維は自らこの責をとり、後《ご》将軍・行大将軍事へと降格された。

それでも姜維は、二五七年には、寿春で諸葛誕が魏に対して反乱を起こしたのに乗じて、またしても数万の兵を率いて駱谷《らくこく》から芒水《ぼうすい》へと進軍した。

しかしこのときは魏将司馬望《しばぼう》と鄧艾が応戦せずに城の防御を固め、また諸葛誕の敗死の報が届いたため、二五八年、成都《せいと》に帰還している。このとき、大将軍への復職を命じられた。

◆黄皓の企み

このように、姜維は連年のように大軍を率いて魏への進攻を試みたが、魏の抵抗も激しく、さしたる戦果を挙げることができずにただ国の内政を傾け、兵士を疲弊させるだけに終わった。

蜀国内では北伐への批判が高まり、光禄大夫譙周《しょうしゅう》が『仇国論《きゅうこくろん》』を著わし、これを批判している。

しかしそれでも姜維は諦めず、二六二年十月、四年ぶりの北伐を敢行した。しかしこのときも鄧艾が姜維の前に立ちふさがって侯和《こうわ》で撃ち破られてしまい、姜維は撤退を余儀なくされてしまったのである。

一方、このころ宦官黄皓《こうこう》が政権を我がものとするのみならず、右大将軍閻宇《えんう》と結託し、姜維を排除しようと企んでいた。

姜維も空気からそれを察し、自分の身を守るために二度と成都には戻らなかった。

姜維の北伐要図

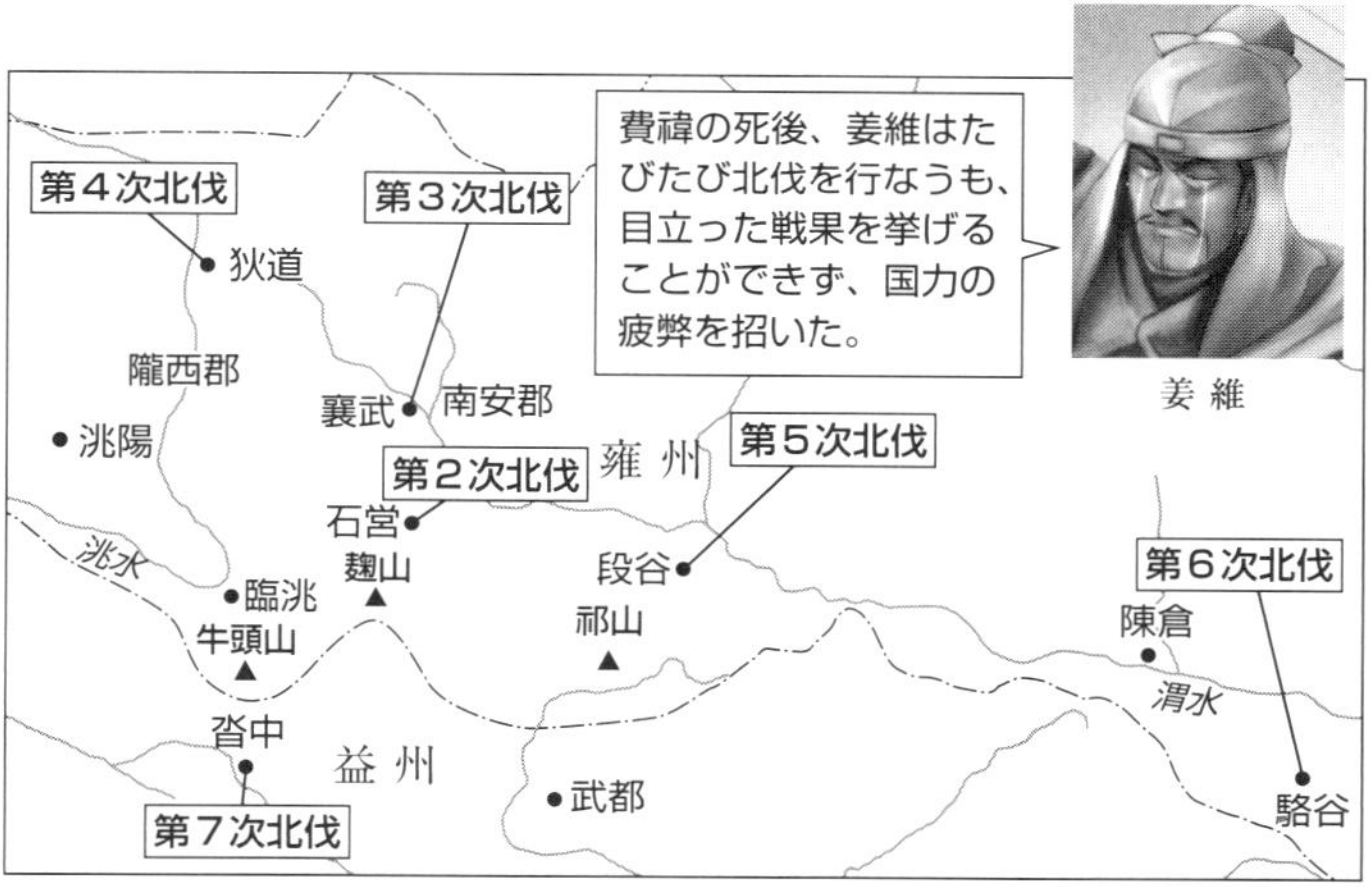

費禕の死後、姜維はたびたび北伐を行なうも、目立った戦果を挙げることができず、国力の疲弊を招いた。
姜維
第4次北伐
狄道
第3次北伐
隴西郡
襄武
南安郡
洮陽
第2次北伐
雍州
第5次北伐
石営
洮水
麹山
段谷
臨洮
牛頭山
祁山
第6次北伐
陳倉
渭水
沓中
益州
武都
駱谷
第7次北伐

北伐回（年）	内　容
第2次北伐（253）	石営に出て南安を包囲するも、兵糧が尽きたため、撤退。
第3次北伐（254）	狄道の県長李簡の降伏を受け入れたのち、襄武を包囲して魏将徐質の首を斬る。河関、狄道、臨洮３県の住民を引き連れて帰還。
第4次北伐（255）	夏侯覇とともに狄道に出兵し、魏の雍州刺史王経を撃ち破るも、陳泰軍が押し寄せてきたため、軍を引き揚げる。
第5次北伐（256）	段谷で魏将鄧艾に大敗を喫す。蜀国内で怨嗟の声が上がり、騒動が勃発。
第6次北伐（257）	諸葛誕の乱に乗じて出兵も、諸葛誕が敗北したため成都に帰還。
第7次北伐（262）	４年ぶりの北伐も、侯和で鄧艾軍に大敗を喫し、沓中に引き返す。

蜀

蜀の滅亡

二六三年、戦わずして降伏を決めた暗愚な皇帝

◆苦戦する姜維

二六二年、鄧艾の前に敗れ去った姜維だったが、沓中《とうちゅう》に駐屯し、再度の北伐の機会を虎視眈々と狙っていた。

一方同年、魏では、司馬昭がついに蜀の討伐準備に着手する。そして二六三年五月、曹奐から蜀討伐の詔が下され、十八万にものぼる大軍が動員されたのであった。

鄧艾が三万余の兵を率いて狄道から沓中へと進んで姜維にあたり、雍州刺史諸葛緒《しょかつしょ》が三万余の兵を率いて姜維の退路を断った。そして鎮西将軍鍾会が十万余もの兵を率いて漢中へと進攻したのである。

魏の進攻の報を聞いた姜維は劉禅に、国境の守備を固め、自軍には援軍を派遣するよう上奏した。ところが黄皓が神や巫女の言葉を信じ、敵は絶対にやってこないとして劉禅に姜維の進言を取り上げないよう上表したため、蜀内で魏軍の進攻を知る者は誰もいなかったという。

魏軍の進攻がいよいよ現実のものとなったときにようやく慌て出し、急ぎ廖化《りょうか》を姜維の援護に、そして張翼《ちょうよく》と董厥《とうけつ》を陽平関《ようへいかん》へと派遣する始末だった。

後手に回った蜀軍に対し、九月、鍾会は楽城《らくじょう》、漢城《かんじょう》、関城《かんじょう》を立て続けにおとし、漢中へと侵入した。

このとき姜維は鄧艾軍と対峙していたが、魏軍によって漢中が陥落したとの報を聞くや退却に転じた。しかしそこを鄧艾に突かれて敗走。やっとの思いで白水《はくすい》まで逃げおおすことができた。姜維はここで張翼、董厥らと合流し、蜀への入口をおさえる要害・剣閣《けんかく》を死守すべく、剣閣に立てこもった。

十月、鍾会は剣閣をおとすべく。総攻撃をしかけた。しかし姜維軍の抵抗の前に苦戦を強いられ、また兵糧も底を尽いてきたため、一時は撤退することを検討するほどだった。

◈蜀の滅亡

一方、鄧艾の軍勢は陰平から険しい山岳地帯を抜け、蜀国内への侵入をはかった。山を削って道を開き、ときには崖を転がって谷へと下った。このとき、幾人もの兵士が転落して死亡し、また険しい地勢から兵糧輸送にも行き詰まり、飢えにも苦しめられるなど鄧艾軍の行軍は辛酸をなめたが、先鋒が江油《こうゆう》へと到達すると、突然の魏軍の来襲に、油断して城の守りを固めていなかった蜀は大慌てとなった。このとき住民も大騒動となり、みな山野に逃げ込んでしまったという。

ことここに至り、劉禅は群臣を集めて討議し、一時は南中への逃亡も考えたが、譙周の上奏に従い魏への降伏を決意した。

このとき、劉禅の子劉諶《りゅうじん》は成都の死守を主張し、討ち死にすべきであると上表したが受け入れられず、妻子ともども自害して果てた。

十一月、成都に到着した鄧艾の前に、劉禅は手を後ろ手に縛って棺桶を担ぎ、太子、諸王及び群臣六十四人を引き連れて出頭。ここに、蜀は二代四十三年で滅亡したのである。

一方、姜維は剣閣で鍾会軍と対峙していたときに、劉禅降伏の報に触れた。その真偽を確かめるために剣閣から撤退したところ、劉禅からの勅が届けられたため、武装解除の上、鍾会に投降した。

このとき姜維軍の兵士は劉禅が降伏したことを知ると、みな怒りのあまり刀を抜いて石に切りつけたという。

その後、洛陽へと移った劉禅は、二六四年三月、安楽《あんらく》県公に封じられ、領地一万戸、絹一万匹、奴婢百人を賜った。そして二七一年、洛陽で六十五歳の生涯を終えた。劉禅の子孫は三人が都尉となり、侯に封じられた者は、五十人あまりにものぼった。

魏の蜀進攻戦要図

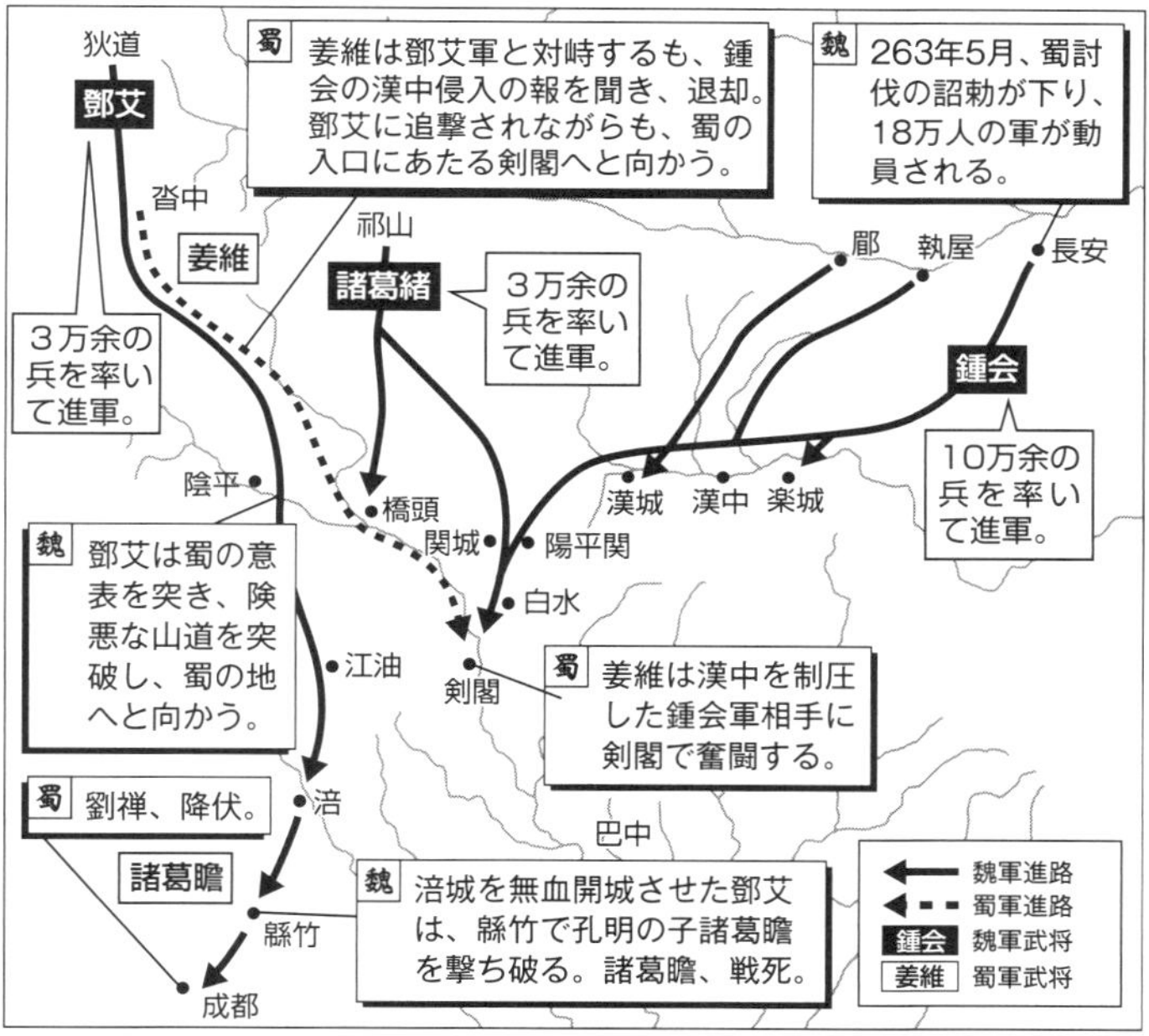
狄道
鄧艾
蜀 姜維は鄧艾軍と対峙するも、鍾会の漢中侵入の報を聞き、退却。鄧艾に追撃されながらも、蜀の入口にあたる剣閣へと向かう。
魏 263年5月、蜀討伐の詔勅が下り、18万人の軍が動員される。
沓中
姜維
祁山
諸葛緒
3万余の兵を率いて進軍。
3万余の兵を率いて進軍。
郿
執屋
長安
鍾会
10万余の兵を率いて進軍。
陰平
漢城
漢中
楽城
橋頭
関城
陽平関
白水
魏 鄧艾は蜀の意表を突き、険悪な山道を突破し、蜀の地へと向かう。
江油
剣閣
蜀 姜維は漢中を制圧した鍾会軍相手に剣閣で奮闘する。
蜀 劉禅、降伏。
涪
巴中
諸葛瞻
魏 涪城を無血開城させた鄧艾は、緜竹で孔明の子諸葛瞻を撃ち破る。諸葛瞻、戦死。
緜竹
成都
魏軍進路
蜀軍進路
鍾会 魏軍武将
姜維 蜀軍武将

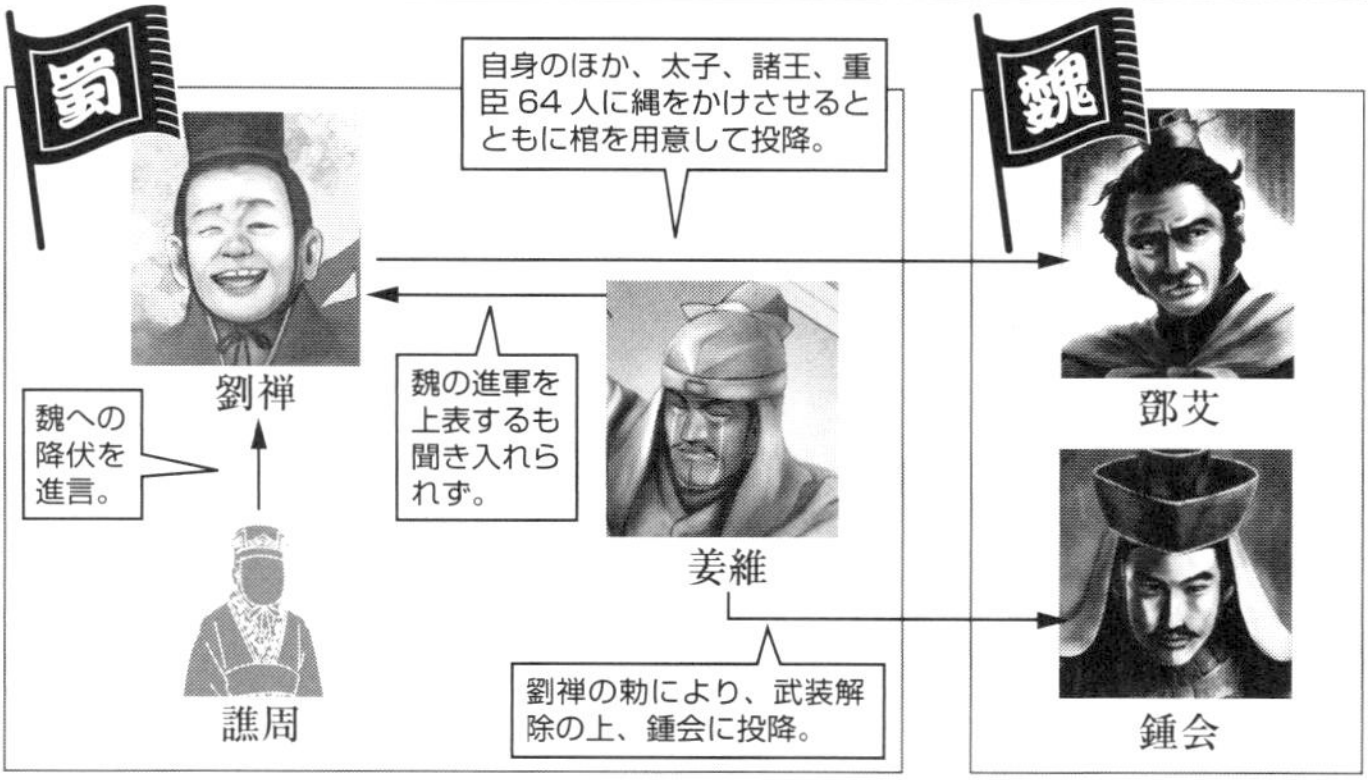
蜀
魏
自身のほか、太子、諸王、重臣64人に縄をかけさせるとともに棺を用意して投降。
劉禅
魏の進軍を上表するも聞き入れられず。
魏への降伏を進言。
譙周
姜維
劉禅の勅により、武装解除の上、鍾会に投降。
鄧艾
鍾会

蜀の滅亡

劉禅が降伏したとの報が届けられたとき、鍾会軍と対峙していた姜維と兵士たちは、みな怒りと悲しみのあまり、石に剣をたたきつけた。

蜀　蜀再興を期する姜維

二六四年、魏将を抱き込んだ最後の逆転策

◆姜維、最後の秘策

蜀の滅亡後、鍾会のもとに身を寄せた姜維であったが、それでも蜀の再興を諦めず、一《いち》縷《る》の望みを抱いていた。

鍾会がひそかに魏に対して反逆の意図を抱いていることを見抜いた姜維は、鐘会をそそのかして兵を挙げ、魏の諸将を殺害したのち、鍾会も殺して蜀を復興しようともくろんだのである。

『華陽国志《かようこくし》』によると、「願わくは陛下（劉禅）には数日の屈辱を耐え忍びなされるよう。私は再び社稷を安んじ、光を失った月日を明るく照らすつもりです」と劉禅に密書を送っている。

姜維が望みを託した、最後の逆転劇であった。

蜀の征討後、成都で劉禅の投降を受け入れた鄧艾は、専断権により劉禅をはじめ旧蜀の群臣に官位を授けた。

用語解説　**『華陽国志』**：355年に東晋の常璩（じょうきょ）が編纂した巴蜀・漢中の地誌。

鍾会の反乱

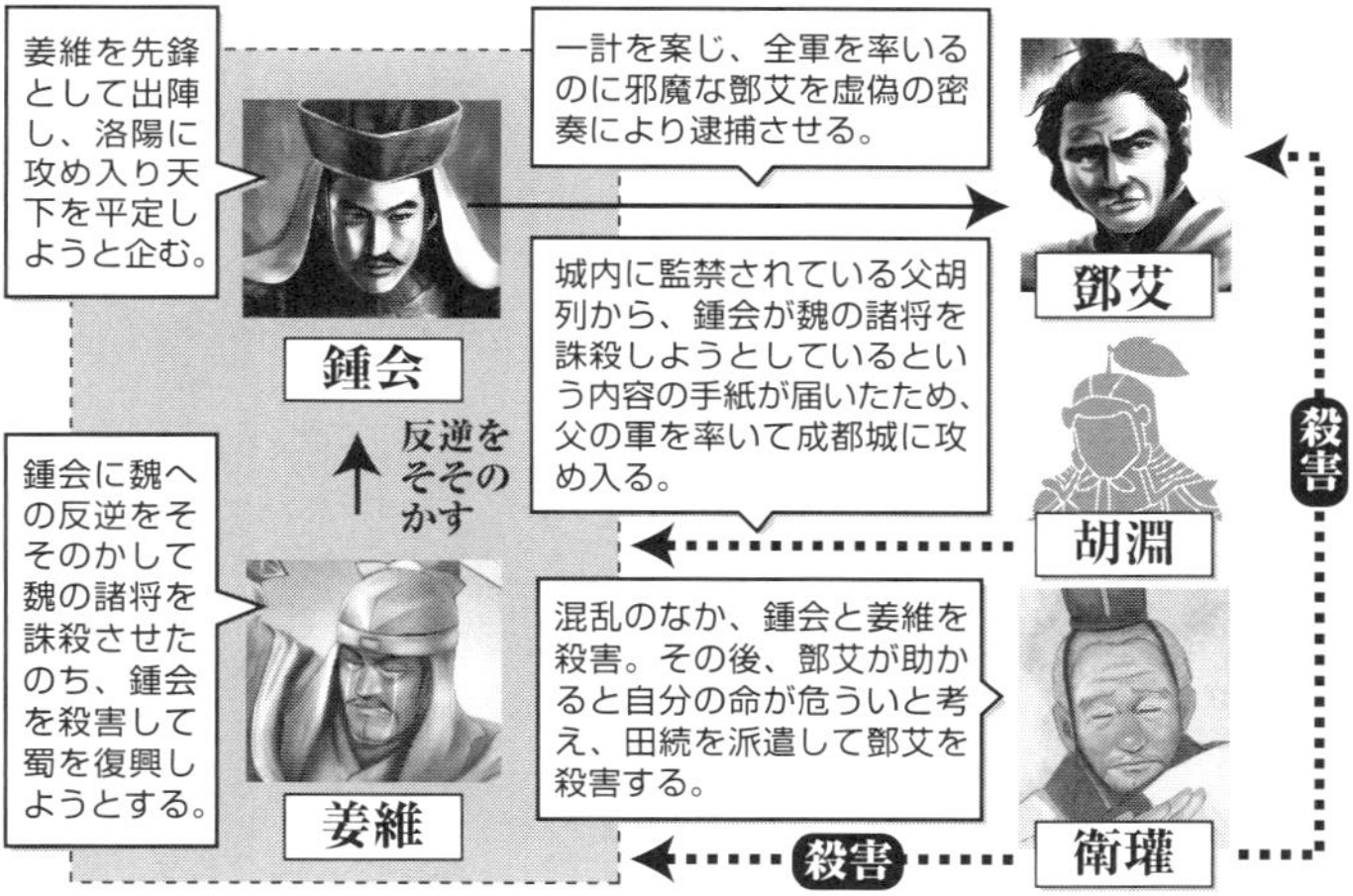
姜維を先鋒として出陣し、洛陽に攻め入り天下を平定しようと企む。
鍾会
一計を案じ、全軍を率いるのに邪魔な鄧艾を虚偽の密奏により逮捕させる。
鄧艾
城内に監禁されている父胡列から、鍾会が魏の諸将を誅殺しようとしているという内容の手紙が届いたため、父の軍を率いて成都城に攻め入る。
胡淵
反逆をそそのかす
鍾会に魏への反逆をそそのかして魏の諸将を誅殺させたのち、鍾会を殺害して蜀を復興しようとする。
姜維
混乱のなか、鍾会と姜維を殺害。その後、鄧艾が助かると自分の命が危ういと考え、田続を派遣して鄧艾を殺害する。
衛瓘
殺害
殺害

鍾会はこれにつけ込んで邪魔者である鄧艾を排除しようと、鄧艾に反逆の意図があると曹奐に上奏した。そして監軍衛瓘《えいかん》に鄧艾の捕縛を命じたのである。こうして鄧艾は捕らえられ、護送車で召還されてしまった。このとき鄧艾は、「私は忠臣であったのに、それがこんな目にあうとは」と天を仰いだという（『魏氏春秋』）。

鄧艾が逮捕されたことで恐れる者がいなくなった鍾会は、成都に入ると全軍を掌中に収め、ついに魏に対して反逆ののろしを上げたのであった。

鍾会の企みは、次のようなものだった。まず姜維に五万の兵を授けて先鋒とし、大軍を率いる自分がそのあとに続いて長安に出る。その後、騎兵には陸路を進ませ、歩兵には水路、孟津へと進ませ、洛陽で騎兵と落ち合えばたちまちのうちに天下を平定できるというものである。

鍾会は、蜀の地で自立し、自ら皇帝になろうとしていたのだった。

二六四年正月十六日、鍾会は魏軍の将校、旧蜀の官吏を蜀の政堂に集め、郭太后の喪を発表すると同時に、「兵を挙げて司馬昭を廃せよ」と太后が命じているといった偽の遺詔を発した。

さらに諸軍の指揮官を信頼の篤い者へと替え、反対する官吏たちを益州の各部曲の建物のなかに閉じ込めたうえ、成都城のすべての城門と宮門を閉ざして厳戒体制を布いたのである。

◈姜維の死

しかし、鍾会と姜維の命運はついにここで尽き果てることになる。

監禁下にあった将軍胡烈《これつ》が、鍾会が北来の諸将を皆殺しにしようとしているとのうその情報を城外にいた子胡淵《こえん》に流したため、この情報がまたたく間に城外の兵士たちの間に拡散した。

するとこれに憤った胡淵をはじめ諸軍が出撃して成都城を包囲。兵士たちは城内に乱入して監禁されていた諸将と合流すると、鍾会側の兵士数百人を殺害し、そして鍾会と姜維を斬殺したのである。姜維の蜀再興の望みは、こうして潰えることになった。

この騒乱を収拾したのは、仮病をつかって戦線から逃れていた衛瓘であった。

衛瓘は鍾会らを滅ぼしたのち、「このままでは鄧艾の反逆の疑惑が晴れてしまう。本当に反乱しようとしていたのは鍾会だったのだ。だが鄧艾が助かってしまうと彼を捕らえた自分は殺されるに違いない」と恐れたため、先手を打って鄧艾に恨みを持つ部下を派遣して鄧艾とその子鄧忠《とうちゅう》を殺害させた。

さらに、洛陽にいた鄧艾の子らもすべて処刑し、鄧艾の妻と孫は西域への流刑に処すという徹底ぶりであった。

mini column

田続《でんぞく》と鄧艾

姜維が北伐を敢行した際、これをしばしば撃ち破り、また蜀を滅ぼす立役者となったのが、魏の将軍鄧艾である。だがその後、衛瓘が派遣した刺客によって殺害されてしまう。

その刺客の名を、田続という。なぜ田続が派遣されるに至ったのか。『漢晋春秋』によると、鄧艾軍が険しい山道を切り開いて成都を目指したとき、田続はおびえて前に進もうとしなかった。これに鄧艾は怒り、田続を斬り殺そうとしたのである。

田続は、これを恨みに思っていた。そこで衛瓘はこれを利用し、「江由の屈辱を晴らすがよい」として田続を派遣したのであった。

魏

司馬昭、晋王就任

二六四年、司馬氏の権勢が天下にとどろく

◈天子をしのぐ権威を掌握した司馬昭

蜀平定にあたっている最中の二六三年十月、魏王室への忠誠と功績を称え、司馬昭を晋公に封じる詔勅が下った。

それは、春秋戦国時代の晋の故地である太原《たいげん》、上党《じょうとう》、西河《せいが》、楽平《がくへい》、新興《しんこう》、雁門《がんもん》、河東《かとう》、平陽《へいよう》、弘農《こうのう》、馮翊《ひょうよく》の十郡を封地とし、さらに相国《しょうこく》へと官位を進め、九錫《きゅうしゃく》を加えるという内容だった。九錫とは、車馬（天子の乗る車とそれを引く馬）、衣服（天子の衣服と冠）、舞楽（諸侯の部屋に吊る打楽器と六佾《いつ》の舞）、赤門（朱塗りの門）、納陛《のうへい》（殿への昇り口を室内に設ける）、虎賁《こほん》の士（儀仗兵《ぎじょうへい》）、斧鉞《ふえつ》（軍権を示す）、弓矢、秬鬯《きょちょう》（酒）のことで、天子に準ずる待遇である。

じつはこれより以前にも、同様の詔勅が計五回も下されていたのであるが、司馬昭はかたくなに固辞し続けていた。

このときもやはり辞退を表明したが、司空の鄭沖《ていちゅう》が朝臣を従えてこれを受けるよう勧め

用語解説　**相国**：宰相のことで、廷臣の位のなかで最高の職。

たので、ようやく司馬昭はこの詔勅を受諾し、晋公となったのである。

だが司馬昭の栄達は、これだけにとどまらなかった。

蜀平定後の二六四年三月には司馬昭は晋王へと昇進し、封地が二十郡に加増された。さらに二六五年五月、冠に十二の玉飾りをつけ、出入りの際には天子の旗を立てて先払いと通行禁止の措置をとるなどの天子同様の待遇を与えられ、ここに至り、司馬昭の権勢はもはや不動のものとなったのである。

◈司馬昭の死

一方で、司馬昭は次期王朝の樹立を見据え、五等《ごとう》の爵位《しゃくい》制度の復活や、屯田制の廃止といった施策を打ち出している。五等の爵位とは、それまで王と散侯《さんこう》のみで構成されていた封建諸侯の爵位に、公、侯、伯《はく》、子《し》、男《だん》を加えたもので、この制度は晋王朝においても実施されている。

こうして国の簒奪に向けて万事を整えていった司馬昭だったが、八月、突然この世を去ってしまうのである。五十五歳であった。

司馬昭の死後、長子司馬炎がその跡を継ぎ、晋王となった。司馬氏による新国家樹立という大業は、司馬炎に託されたのであった。

呉

孫皓の即位と悪政

呉国を滅亡へ導いた暴虐な振る舞い

◆衰退する呉の帝位に即いた人物

二五八年、孫休が三代皇帝として即位したころ、呉は衰退の一途をたどる一方だった。政治は乱れ、人心は離れ、国家を立て直そうとしても、もはや不可能な領域にまできていたのである。

そうした状況下の二六四年七月、孫休は病が篤くなったため、丞相濮陽興《ぼくようこう》を呼び寄せ、子の孫𩅦《わん》を指さして後事を託した。そして二十五日、逝去した。三十歳だった。

だが、孫休の遺言は果たされなかった。ちょうどこのとき蜀が魏に滅ぼされたこともあり、呉の人々は優れた主君を皇帝に迎え、国内を安定させてほしいと切望していたのである。そこで左典軍万彧《ばんいく》は、孫権の孫で孫和《そんか》の子である孫皓《そんこう》を、才智と見識があって皇帝にふさわしい人物であるとして濮陽興と左将軍張布《ちょうふ》に進言した。こうして孫皓が迎えられ、帝位に即いたのであった。このとき、孫皓は二十三歳だった。

孫皓は即位すると、国庫を開いて貧しい人々を救う政策を行ない、また規定をつくって宮女を解放し、妻のない者に添わせるなどの善政を敷いたため、人々はみな孫皓を明君だと賞賛した。ところが、いつのころからかその性格は一変。粗暴で驕慢《きょうまん》、執念深い性格をあらわにし、酒や女に溺れる日々を送るようになったのである。濮陽興と張布はこのときになって彼を帝位に即けたことを後悔したが、時すでに遅し。そのことを孫皓に告げ口する者があり、二人は誅殺されてしまった。

◆孫皓の残虐非道ぶり

孫皓は、暴虐の限りを尽くした。孫休の四人の息子を蘇《そ》州の小城に幽閉し、そのうち年長の二人を殺害したり、宮中に川を引き込み、宮女で気に入らない者があれば殺してその川に流したりした。また宴席の場で孫皓の諱《いみな》を口にするなどの不用意な言動をとった者を誅殺し、さらには臣下の顔の皮を剥ぎ、目をえぐるという残虐な行為をも繰り返した。陸凱《りくがい》をはじめとする忠臣たちは、こうした孫皓の振る舞いを諫める上表を幾度となく行なったが、聞き入れられなかった。

あまりの暴虐ぶりに、陸凱は孫皓を廃して孫休の息子を帝位に即けようと画策したが、左将軍留平《りゅうへい》がこれを拒絶したために計画は立ち消えとなった。

こうして暴虐な皇帝のもと、呉はますます衰えていったのである。

孫晧の悪政
呉の四代目皇帝として即位した孫晧だったが、気に入らぬ者があれば粛清し、また、臣下の顔面の皮を剥いだり目をえぐったりと、暴虐の限りを尽くした。

魏

魏の滅亡

二六五年、ついに帝位を簒奪した司馬氏

◆司馬炎ついに皇帝に即位

二六五年十二月、父司馬昭の跡を継ぎ、晋王となった司馬炎が、ついに帝位簒奪の事に及んだ。曹奐に禅譲《ぜんじょう》を迫ったのである。

じつはこれ以前にも、曹奐に禅譲を迫った臣下がいた。寿春に配属されていた驃騎将軍石苞《せきほう》と、新野を治めていた車騎将軍陳騫《ちんけん》が「暦数《れきすう》（魏王朝の寿命）はすでに尽きております」と曹奐に対して幾度にもわたり上奏を行なっていたのである。

こうして天命がすでに曹氏から司馬氏へと移ったと悟った曹奐は、諸官に詔勅を下して儀礼を整え、南郊《なんこう》に受禅壇《じゅぜんだん》を設けさせた。

そしてそこで曹奐は「いま暦数はあなたのもとにあります。中庸《ちゅうよう》を保てば天の恵みは永遠に続くことでしょう」と司馬炎に言うと、皇帝の印《いん》・綬《じゅ》・冊《さく》を司馬炎に捧げて帝位を譲ったのであった。

ここに魏はその終わりを迎え、新たに晋王朝が興ったのである。司馬炎、三十歳のときだった。

即位した司馬炎は、祖父司馬懿に宣《せん》帝を、叔父司馬師に景《けい》帝を、父司馬昭に文《ぶん》帝を追贈した。

また母王元姫《おうげんき》を皇太后とし、妻楊艶《ようえん》を皇后とした。

◆新体制、発足

そして司馬炎は、新体制の整備に着手した。

太宰（司馬師の諱を避けて太師を廃止）に司馬懿の弟司馬孚《しばふ》、太傅に鄭沖《ていちゅう》、太保《たいほ》に王《おう》祥《しょう》、太尉に何曾《かそう》、司徒に司馬望《しばぼう》、司空に荀顗《じゅんぎ》、大司馬に石苞、大将軍に陳騫、驃騎将軍に王沈、車騎将軍に賈充、衛将軍に弟の司馬攸《しばゆう》を配した。

さらには司馬氏一族のうち、じつに二十七人を郡王に封じ、盤石の体制を固めた。これは、魏が宗室の諸王に官職を与えなかったがために皇帝の権力が弱体化し、魏の滅亡を招く一因となったことを踏まえてのことだという。しかしこれが、のち八王の乱を招く要因となった。

また、賈充が荀顗、中書監荀勖《じゅんきょく》、守河南尹杜預《どよ》、中軍将軍羊祜《ようこ》らとともに、『泰始律《たいしりつ》

司馬炎即位
二六五年十二月、司馬炎は曹奐から禅譲され、皇帝の位に就いた。ここに、曹丕から数えて五代四十六にわたる魏の歴史に終止符が打たれた。

司

令《りょう》』を制定している。『泰始律令』はこれまでに発布されていた法律をひとつにまとめ上げたもので、刑法を定めた律と行政法を定めた令とに区分される。

◆曹氏のその後

それでは、魏の滅亡後、曹氏一族はどのように扱われたのであろうか。

司馬炎に帝位を譲った曹奐は、その後陳留王《ちんりゅうおう》に封じられ、食邑は一万戸と晋の諸王の上国と同じ待遇を受けた。最後は魏の旧都鄴《ぎょう》で余生を送り、三〇二年、五十八歳で亡くなった。

二五四年に司馬昭によって廃された曹芳も、ひっそりと生き延びて邵陵《しょうりょう》県公となっている。二七四年、四十三歳で亡くなった。

また曹彰《そうしょう》（曹丕の同母弟）の子曹楷《そうかい》は晋の太后宮殿付きに、曹植《そうしょく》の子曹志《そうし》は散騎常侍に、曹操の孫曹嘉《そうか》は東莞太守に、曹徽《そうき》（曹操の子）の子曹翕《そうきゅう》は廩丘《りんきゅう》公に封ぜられており、晋王朝に仕えながら晋代を生き抜いていったのである。

一方、旧蜀の面々に目を移すと、諸葛瞻《しょかつせん》の次子諸葛京《しょかつけい》は郿《び》県令から江州《こうしゅう》刺史《しし》へと進み、司馬炎、司馬衷《ちゅう》と二代にわたって仕えた。譙周は騎都尉《きとい》に任ぜられ、二七〇年に亡くなっている。

王朝・晋の体制

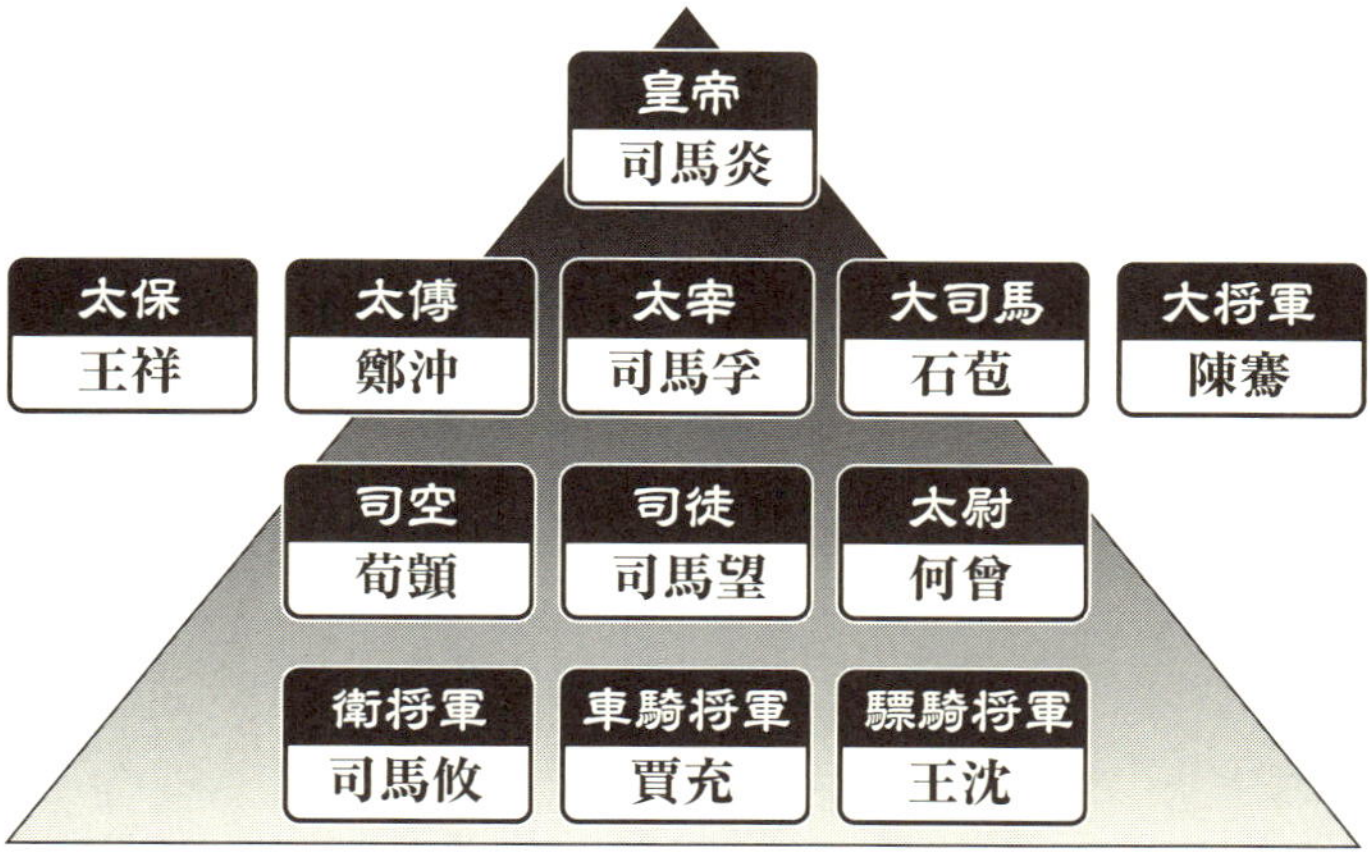
皇帝
司馬炎
太保
王祥
太傅
鄭沖
太宰
司馬孚
大司馬
石苞
大将軍
陳騫
司空
荀顗
司徒
司馬望
太尉
何曾
衛将軍
司馬攸
車騎将軍
賈充
驃騎将軍
王沈

郡王に封ぜられた司馬氏一族

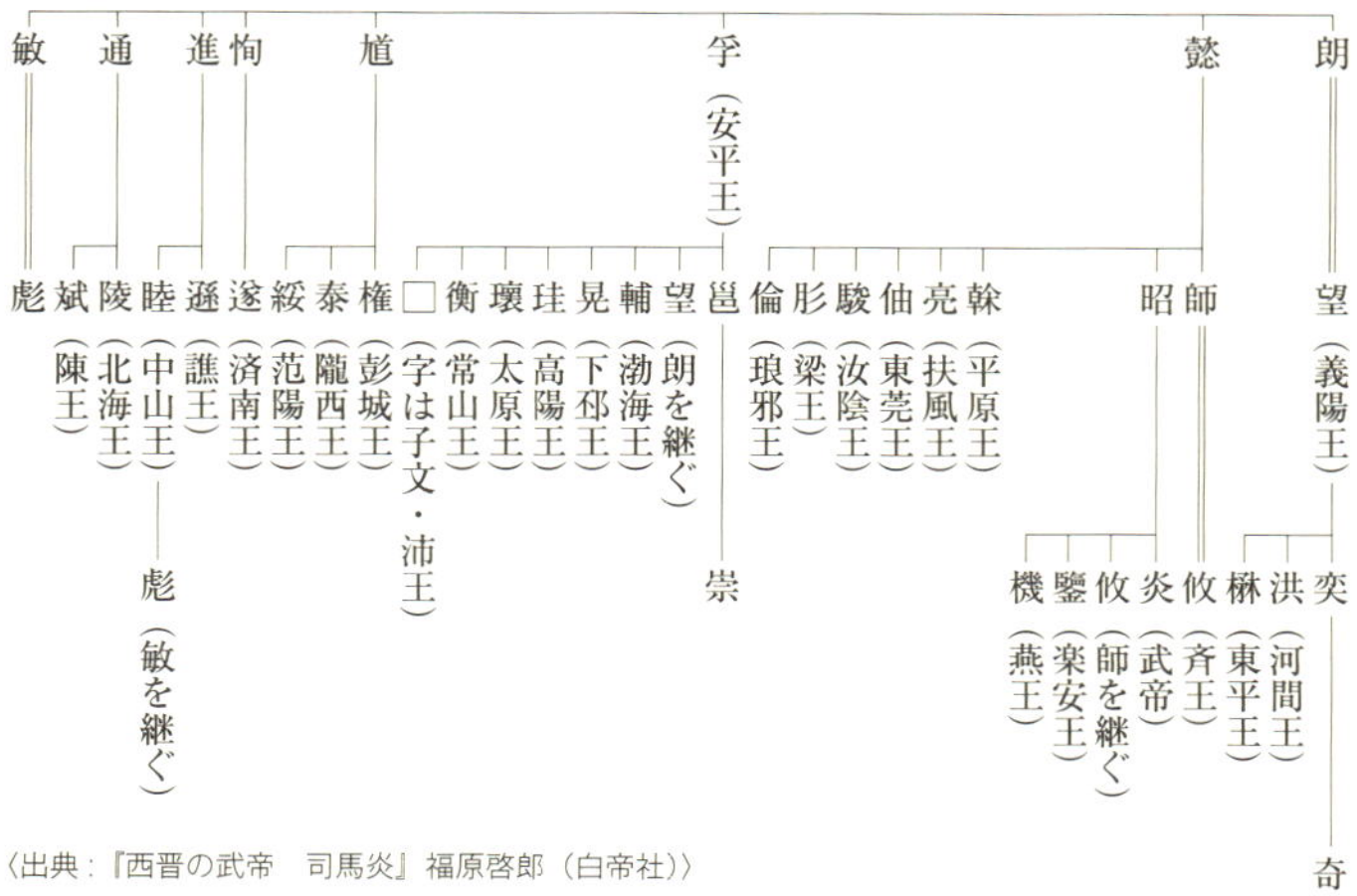
敏
通
進
恂
馗
孚（安平王）
懿
朗
彪
斌（陳王）
陵（北海王）
睦（中山王）
遜（譙王）
遂（済南王）
綏（范陽王）
泰（隴西王）
権（彭城王）
□（字は子文・沛王）
衡（常山王）
瓌（太原王）
珪（高陽王）
晃（下邳王）
輔（渤海王）
望（朗を継ぐ）
邕
倫（琅邪王）
肜（梁王）
駿（汝陰王）
伷（東莞王）
亮（扶風王）
幹（平原王）
昭
師
望（義陽王）
彪（敏を継ぐ）
崇
機（燕王）
鑒（楽安王）
攸（師を継ぐ）
炎（武帝）
攸（斉王）
楙（東平王）
洪（河間王）
奕
奇

〈出典：『西晋の武帝　司馬炎』福原啓郎（白帝社）〉

266年正月、司馬懿の弟、及び兄弟の子孫27人が郡王に封ぜられた。

呉の滅亡　二八〇年、晋による中国統一

◆晋による呉討伐

悪政を行なう孫皓の在位は十七年にも及び、もはや呉は崩壊寸前にあった。そのなかにあって、ひとり気を吐いたのが陸遜の子陸抗《りくこう》だった。二七二年、西陵《せいりょう》を守っていた歩闡《ほせん》が晋に寝返ると、晋はこの機に荊州を得るべく車騎将軍羊祜と荊州刺史楊肇《ようちょう》を江陵に派遣した。これに対して陸抗は西陵を包囲するとともに、羊祜軍を撃ち破り、歩闡を斬殺した。

その後、羊祜は長江以北に五城を築き、国境を挟んで陸抗と対峙。これは陸抗が亡くなる二七四年まで続いた。

『晋陽秋《しんようしゅう》』によると、あるとき陸抗が羊祜に酒を贈ったところ、羊祜は何の疑いも抱くことなくそれを飲み干した。また、陸抗が病を患ったとき、羊祜が薬を贈ってきたが、陸抗は心から感謝し、それを服用したという。このように、敵国ではありながらも二人はお互いの力を認め合い、厚い交わりを結んでいたのである。

陸抗が二七四年に病死すると、羊祜は呉を討つ絶好の機会であると上奏したが、このと

mini column

晋の諸臣を言い負かした李仁《りじん》

孫皓が晋に降伏したのち、晋の侍中である庾峻《ゆしゅん》たちは孫皓の侍中だった李仁に孫皓の悪政について問いただした。「孫皓が自分の意に添わぬ者は斬り殺し、顔の皮を剥いだり足を斬ったのは本当か」と尋ねると、「孫皓は一国の主として生殺の権を握っていた。罪人を懲罰するのは当然」と切り返した。また「人が目をそらしたり見返したりするとその者の目をえぐり出したのは本当か」と問われると、「君主を見返すのは礼でいうところの傲慢にあたり、不遜な行動をとれば刑罰を蒙る。たとえ目をえぐり出すようなことがあったとしても、どこに非難するところがあろうか」と言い、庾峻たちをたじろがせた。

きは群臣の反対にあい、実現しなかった。

晋がようやく呉征伐に乗り出したのは、羊祜の死から一年が経過した二七九年十一月のことだった。司馬炎は二十万もの大軍を動員。六方面から呉へと進軍させた。

このとき、鎮東大将軍王伷《おうちゅう》は涂中《じょちゅう》に、安東将軍王渾《おうこん》と揚州刺史周浚《しゅうしゅん》は江西《こうさい》に、豫州刺史王戎《おうじゅう》は武昌《ぶしょう》に、平南将軍胡奮《こふん》は夏口《かこう》に、羊祜の後任についた鎮南大将軍杜預は江陵に向かい、益州刺史王濬《おうしゅん》は水軍を率いて長江を下った。

なかでも王濬率いる水軍は破竹の勢いで急進撃を続け、次々に敵城を陥落させた。これに対して呉では長江の要所に陣を構え、水上に鉄の鎖を張り巡らし、水中には鉄の錐《きり》を立てて王濬の水軍に備えたが、この策は晋側に筒抜けであり、何の防御にもならなかった。

王濬は数十もの大筏《いかだ》を先頭にして長江を進み、鉄の鎖を筏によって排除。また、油を染み込ませた大きなたいまつで鉄の鎖を焼き切らせたのである。

こうして王濬軍はさらに長江を下り、呉の要衝の地である夏口、武昌を陥落させた。これに対して孫皓は遊撃将軍張象《ちょうしょう》に水軍一万を与えて迎撃させたが、張象は王濬軍を見るや恐怖に震えて降伏する有様だった。

一方、江陵を目指した杜預は、陸路、長江西岸一帯の敵城を攻略し、二八〇年正月に江陵に到着。二月十七日にはこれをおとしている。

このように次々と自領を攻略された呉軍に、もはや戦意はなかった。孫皓が陶濬《とうしゅん》に二万の兵を与え、王濬軍にあたらせようとしたところ、その出発前夜になって兵士たちはみな逃げ出す始末だったのである。

◆孫皓の降伏

三月十五日、いよいよ王濬が呉の都へと至ると、孫皓は降伏を決意。「私は民衆の心をとらえることもできず、間違いを重ねて天の思し召しに背いた。呉の敗北は、私に罪がある。乱れた国を去り、治まった朝廷に仕えることは決して不忠ではない。諸君の今後の一

晋による呉平定戦要図

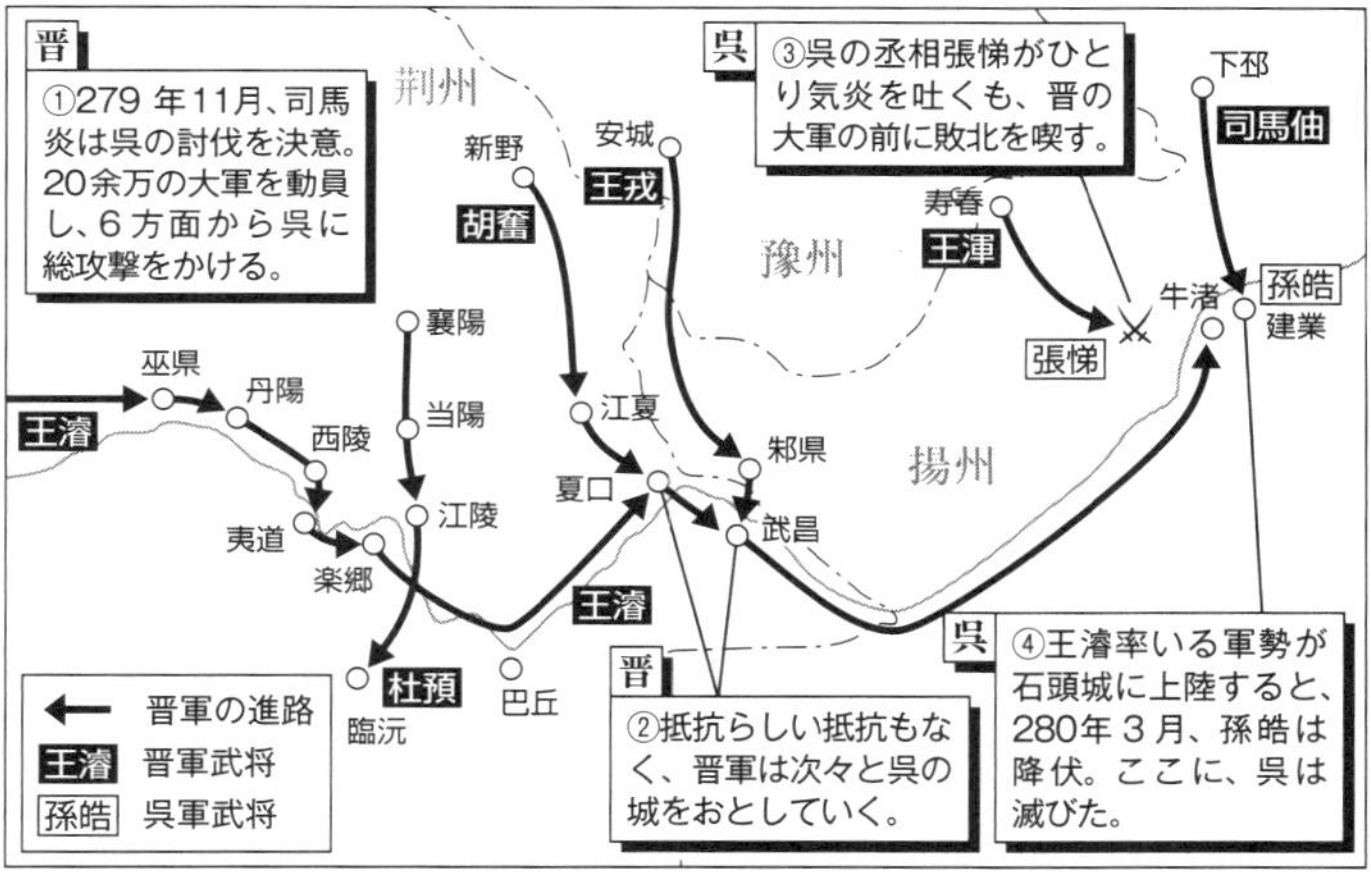
晋
①279 年11月、司馬炎は呉の討伐を決意。20余万の大軍を動員し、6 方面から呉に総攻撃をかける。
荊州
新野
安城
王戎
胡奮
呉
③呉の丞相張悌がひとり気炎を吐くも、晋の大軍の前に敗北を喫す。
下邳
司馬伷
寿春
王渾
豫州
牛渚
孫皓
建業
張悌
襄陽
巫県
丹陽
王濬
西陵
当陽
江夏
鄂県
揚州
夏口
江陵
夷道
武昌
楽郷
王濬
呉
④王濬率いる軍勢が石頭城に上陸すると、280年 3 月、孫皓は降伏。ここに、呉は滅びた。
晋
②抵抗らしい抵抗もなく、晋軍は次々と呉の城をおとしていく。
杜預
巴丘
臨沅
晋軍の進路
王濬 晋軍武将
孫皓 呉軍武将

層の努力と発展を祝し、自愛を祈る」との書簡を群臣に送り、王濬に降伏した。

　ここに、孫権以来、四代五十一年にわたって続いた呉帝国は、ついに滅んだのである。孫皓は、一族をあげて西方の晋の京邑《みやこ》に移った。司馬炎は孫皓を憐れに思って帰命《きめい》侯の号を贈り、生活の糧として衣服、車馬、田地三十頃《けい》を与え、そのほか毎年穀物を五千石、絹五百匹、銭五十万を給付した。

　孫皓の子孫瑾《そんきん》は中郎に任ぜられ、息子たちの中で王に封ぜられていた者は郎中に任命されるという温情ある待遇であった。そして二八四年、孫皓は洛陽で亡くなった。

　こうして約一世紀にわたり繰り広げられた『三国志』の時代は終わり、晋が中国統一を果たしたのである。

column ③

『三国志』と故事成語

「水魚《すいぎょ》の交わり」

水がなければ魚は生きていけないように、存在が欠かせないほど親密な関係をいう。蜀の劉備《りゅうび》は三顧の礼で孔明《こうめい》を迎え、孔明は劉備に忠義を誓って臣従した。2人はしだいに親密度を深めていったが、劉備と生死を共にし、固い結束を誓った関羽《かんう》と張飛《ちょうひ》にはそれが不満であった。そこで劉備は彼らに「私に孔明が必要なのは、魚に水が必要なのと同じようなもの。文句はいうな」と語った。それほどなくてはならない関係であった。

「白眉《はくび》」

多数のものや人があるなかで、もっとも優れているもの、優秀な人物のことをいう。劉備が荊州を平定したとき、馬《ば》氏の5兄弟が臣従した。5人はみな秀才ぞろいで字《あざな》に「常《じょう》」という文字がついていることから「馬氏の五常」といわれた。なかでも長兄の馬良《ばりょう》がもっとも優秀で、眉に白い毛が交じっていたことから「馬氏の五常、白眉が最優秀」と称えられた。そこから優れた者のことを「白眉」というようになった。

「危急存亡《ききゅうそんぼう》の秋《とき》」

いままさに危機が切迫して生き残るか滅びるかの瀬戸際のことをいう。劉備が亡くなり、その子劉禅《りゅうぜん》が跡を継いだが、三国のなかで蜀はもっとも劣勢だった。孔明は北伐を決意し、出陣に際して劉禅に奏上したのが「出師《すいし》の表《ひょう》」である。「危急存亡の秋」とはそのなかの一節で、蜀に危機が迫っていることを劉禅に説き聞かせた言葉である。

第四章

晋の武帝司馬炎を巡る光と影

外戚として
司馬炎をおさえ、
実権を握る
寵愛
楊駿
胡貴嬪
司馬炎の外戚として政権内で権勢を奮う。司馬炎死後、司馬衷の代でも補政の任にあたりながら政権を握るが、実権を握ろうと画策した賈皇后の手によって殺害される。
楊皇后
1
司馬炎
生まれつき暗愚であり、賈皇后率いる賈一族によって実権を握られる。
司馬衷をないがしろにし、実権を掌握。
2
司馬衷
謝夫人
幼いころから聡明であったため、司馬炎にその才を愛される。しかし政権を牛耳る賈皇后から疎まれ、殺害されてしまう。
司馬遹
廃太子・殺害

第四章の人物相関図

八王

汝南王司馬亮
(司馬懿の第３子)

趙王司馬倫
(司馬懿の第９子)

河間王司馬顒
(司馬懿の弟・司馬孚の孫)

東海王司馬越
(司馬懿の弟・司馬馗の孫)

楚王司馬瑋
(司馬炎の第５子)

長沙王司馬乂
(司馬炎の第６子)

成都王司馬穎
(司馬炎の第16子)

斉王司馬冏
(司馬炎の弟・司馬攸の子)

晋

賈充

楊駿の次の代の外戚の地位を狙うも、282年、死去。

殺害

王才人

3 司馬熾

司馬衷の死後、東海王司馬越に担がれる形で306年に第３代皇帝として即位。

賈皇后

政権を掌握し、独裁政治を行なう。晋滅亡の原因をつくる。

※数字は即位順

傀儡に過ぎなかった司馬炎

暗躍する外戚の楊駿

◆黒幕の存在

晋《しん》の武帝司馬炎《ぶていしばえん》（二三六―二九〇）は、三国の乱世を統一した英邁《えいまい》なる人物のイメージが強い。いや、強いというより、それ以外のイメージが抱かれることはまずないといってもいいだろう。これは、『三国志演義《さんごくしえんぎ》』がそのように描き、そして彼の天下統一をもって物語を締めくくっているからである。実際の彼は、一個の操り人形だった。彼を操ったのは何者か。

『三国志演義』には登場しない陰の人物がいる。

楊駿《ようしゅん》（？―二九一）である。楊駿は司馬炎の妻（皇后）武悼《ぶとう》楊皇后の父、つまり外戚《がいせき》である。歴史上、幾度となく繰り返されたあの構図である。

司馬炎の父司馬昭《しばしょう》（二一一―二六五）は、長子の司馬炎よりも次子の司馬攸《しばゆう》に期待をかけていた。そこで男子のいない亡兄司馬師《しばし》（二〇八―二五五）の養子という形で司馬師の跡を継がせ、「この天下は兄のものだから」という言い方で、司馬攸に自分が死んだ跡を継がせたいとほのめかしていた。

だが、これは通らなかった。『晋書《しんじょ》』によると、何曾《かそう》を筆頭とする臣下一同（官僚組織）が反対し、強力に司馬炎をおした。ここでも楊駿は、巧みに姿を隠している。

この力に押し切られるようにして、司馬昭は司馬炎を正式に後継指名した。これが咸熙《かんき》二年（二六五）五月のことである。そのわずか三か月後の八月、司馬昭は死去する。

その急展開には、「正式指名が済んだのだから、もうオヤジはいらない」と、始末されてしまった可能性を否定できないものがある。

◈外戚の地位を狙う賈充

この、陰に隠れて暗躍する楊駿と違い、『三国志演義』のお終いのあたりで動く賈充《かじゅう》（？—二八二）は、楊駿の次の世代を狙っていた。

賈充の娘は、司馬炎の第二子（長子の司馬軌《しばき》は二歳で夭逝）で司馬炎の次の皇帝（恵帝《けいてい》）司馬衷《しばちゅう》（二五九—三〇六）の妻（皇后）賈南風《かなんぷう》である。つまり、賈充は楊駿の次の外戚となる予定であった。

この楊駿→賈充の構図は、前漢の景帝《けいてい》（前一五七—前一四一在位）・武帝（前一四一—前八七在位）のときの竇嬰《とうえい》→田蚡《でんぷん》の外戚交代の構図に似ている。

『晋書』は、こう伝えている。武帝司馬炎は、はじめ司馬衷のための嫁選びにあたって、衛瓘《えいかん》の娘の方が賈充の娘よりいいと考え、「衛瓘の娘は、代々賢人を輩出する家柄で男の子が生まれる確率が高く、長身で色白の美貌である。賈充の娘は、代々嫉妬深い人間が多く、男の子が少ない上に、色黒で背も低い」と語っていた。だが、これも押し切られた。たとえば荀勖《じゅんきょく》は、「太子（司馬衷）の婚姻がまだ定まっていないうちに縁談をまとめて将来を固めておこう。賈充殿あっての我々だからな」と、仲人口《なこうどぐち》でこう歌いあげた。「賈充の娘は才色兼備、東宮《とうぐう》に容《い》れれば国家にとってよろしく、『詩経《しきょう》』にも歌われるような后妃の徳を明らかにすることでありましょう」。

結局ここでも司馬炎の意向は通らなかったわけで、皇帝司馬炎は独裁者などではないのだった。

賈充は、楊駿の次の外戚権力者の地位を夢見ていたのだが、天はそれを許さなかった。司馬炎が呉帝孫皓《そんこう》を降し、天下統一を成し遂げた二年後の太康《たいこう》三年（二八二）、世を去った。あとに残るは賈皇后（南風）。しかし、彼女は生前の賈充の人脈に守られているし、賈充の義孫賈謐《かひつ》（？―三〇〇）もいる。しかも、彼女の夫司馬衷は暗愚極まりない人物だった。たとえば、天下が飢饉《ききん》に見舞われたとき、「米がないならば肉でかさを増した粥を食えばよかろう」と言ったという具合に。

衛瓘は賈一族に政権を牛耳られることを案じ、司馬炎に忠言した。

なまじ賈充を失い、危機感が強まった分、性質《たち》が悪くなった面もあったかもしれない。司馬炎の寿命も永遠ではない。司馬衷は政事などできない。

あるとき、陵雲台《りょううんだい》での宴席で、衛瓘が「帝、申し上げたき儀《ぎ》がございます」と言い出した。かなり酩酊《めいてい》した様子で司馬炎の長椅子の前にひざまずいた。「何が言いたいのだ」と司馬炎が問うと、衛瓘は何度も言いかけては止める風情のあと、司馬炎の長椅子を撫でながら、「この座席が惜しゅうございます」と。司馬炎は急に真顔になり、「お前、本当に酔っているのか」と言ってしまった。これを見逃す賈皇后（この時点では皇太子妃）ではない。衛瓘が自分たち一派を斥けたがっているとして、深く怨むのだった。

胡貴嬪と司馬遹

操られた司馬炎に希望をもたらした存在

◆唯一心許した女性

操り人形あるいは籠の鳥のような司馬炎だったが、実際彼がうかつな行動を取ると、自分の身が危険であった。これは歴史上、繰り返されたことである。

疑う者は唐の文宗《ぶんそう》皇帝を見よ（甘露《かんろ》の変・宦官《かんがん》を排除しようとして失敗し、自分が排除されてしまった）。あるいは『史記《しき》』鄭世家《ていせいか》で、大臣の子駟《しし》が、言うことを聞かない釐公《ぎこう》を料理人に命じて殺させ、「急病で突然なくなられた」と、公式発表をした例を見るがいい。そして本書に書かれている曹操の子孫が司馬氏に乗っ取られていく過程、孫権の子孫の操られぶりを思い返してほしい。

そんな司馬炎に、安息の日はあっただろうか。宮中の女性のところに行っている時間も十分にくつろげたわけでもあるまいから。

唯一、例外といっていい存在があった。胡貴嬪《こきひん》（名は芳《ほう》）である。彼女は将軍胡奮《こふん》の一人娘で、選ばれて殿中に向かって歩くとき、号泣した。左右の者が「陛下に声が聞こえてしまうぞ」と止めたのだが、彼女は「死ぬことなんか怖くない。陛下がなによ」と言い放った。ストレートで飾らない彼女を、司馬炎はひどく気に入った。

ある日、司馬炎と樗蒲《ちょぼ》（ゲーム）に興じていて両者の手が交錯し、彼女は爪で司馬炎の手を引っかいてしまった。司馬炎が「これだから将軍の娘は」と言うと、彼女は「確かに父は、北に遼東《りょうとう》の公孫淵《こうそんえん》を征伐し、西に諸葛亮《しょかつりょう》を防ぎましたよ。将軍の娘以外の何者でもないわよ」と言い返した。自分の祖父司馬懿《しばい》（一七九—二五一）を支えた功績を言われ、司馬炎は素直に心から恥じ入ったのであった。

胡貴嬪が以前に言い放った「陛下がなによ」は、司馬炎自身の「皇帝の位がなんだ」といみじくも代弁するものだった。

◈疎まれた才能

もうひとつ、司馬炎に希望をもたらしたのは、孫の司馬遹《しばいつ》（二七八—三〇〇）の存在であった。

司馬遹は、暗愚な司馬衷の長子に似合わぬ聡明な子であった。母親は謝《しゃ》夫人。賈皇后（皇太子妃）ではない。

ある夜、宮中に失火があった。司馬炎が楼《ろう》に登ってその方向を見ていると、当時数え五歳だった司馬遹が司馬炎の裾《すそ》を引っ張って暗い室内に戻した。

「どうしたのだ」

と司馬炎が問うと、司馬遹は、

「夜の急な事件です。人君たる者が光のあるところに身をさらしてはいけません」

と答えた。

またある日、宮中の養豚場を見に行った司馬炎。一緒に行った司馬遹は、

「こんなに肥えた豚です。すぐ皆に食わせましょう。エサとして与える五穀がもったいないです」

と指摘した。太子の司馬衷とは大違いである。ひそかに「この孫に跡を」と思う司馬炎であった。しかし、この願いも叶わなかった。司馬炎は衛瓘ら優秀な人物を配して司馬遹をさらに磨き上げようと思ったのだが、司馬遹はだんだん勉強しなくなっていった。

賈皇后（皇太子妃）が、司馬遹の令名《れいめい》が上がってはまずいと、宦官たちに命じて遊びの世界へと誘導させたためである。

「殿下、若くて元気のよいときにこそ、思い切り遊んだ方がよろしいのです。何かにつけて、ああしてはいけない、こうしてはいけないと自分を制限していてはつまらないではありませんか」。次第に司馬遹は遊び呆けるようになってしまった。

賈皇后の独裁

宮中を我がものにした悪女

◆『晋書』が伝える皇后の裏の顔

太熙《たいき》元年（永熙《えいき》元年・二九〇）、武帝司馬炎が死去した。司馬衷（恵帝）が跡を継いで即位したが、政事はすべて楊駿が支配した。賈充死して八年、「俺がやる」と言わんばかりにのさばりはじめた。

これを賈皇后が認めるはずはなく、翌二九一年、自分の取り巻きが近衛の兵権を持っていたのを利用し、楊駿を殺し、続いて衛瓘らも粛清してしまった。これで反対勢力は排除された。あとは落ち着いて太子司馬遹を廃すればいい。自分の生んだ子ではないし、聡明な彼はどうしても邪魔だったのである。

司馬炎が司馬衷の嫁選びのとき、賈氏は男子が少ない家系だと言ったのが当たったか、賈皇后には子がなかった。

『晋書』はこんな話を伝えている。

賈皇后は淫乱《いんらん》で、太医令《たいいれい》の程拠《ていきょ》と姦淫《かんいん》していることは内外に知られていた。あるとき、洛陽の盗尉《とうい》（警察官僚）に属する若者（日本の時代劇でいえば「下っぴき」のような存在）が、素晴らしい衣服を着てきた。

周りの者は不審に思った。盗人からせしめたのではないか、と若者に尋ねた。若者が答えるには、

「この間一人の老婆から、『我が家に病人がいて、占い師の見立てだと、洛陽城《らくよう》の南に住んでいる若者が調伏《ちょうぶく》できるのです、と。ちょっと御面倒をお掛けしますが、来ていただければ、たくさんの御礼を致します』と言われたんです。老婆にくっついてゆくと、車に乗せられました。御簾《みす》がさげられ、箱の中に入れられたように、外がわかりません。十余里ばかり進んだでしょうか。六つか七つの門をくぐり抜けたようでした。

箱車が開けられると、楼閣《ろうかく》や豪壮な建物が目に入りました。『ここはどこですか』と問うと、『ここは天上界だ』と言います。すぐ香り湯で身を清め、素敵な衣服に着替えさせられ、素晴らしい食事が運ばれてきました。

やがて一人の婦人が出てきました。年齢は三十五、六歳でしょうか。背は低く、色黒で眉尻に傷がありました。

そこに数日間留められ、食事や寝室をともにしました。そして帰り際にこの衣服などをもらったんです」。

この話を耳にした人々は、その三十五、六歳の婦人の姿形から「賈皇后だ」と理解した。

この艶笑《えんしょう》落語『吉田御殿《よしだごてん》』や『なめる』を思い起こさせるような話は、賈皇后の淫乱さを表現するというより、必死で子を産もうとしていた、子種を欲していたということを表わしている。

別に、こんな伝えもある。

賈皇后は「妊娠した」と偽り、出産の用意をすると、自分の妹とその夫韓寿《かんじゅ》の子韓慰祖《かんいそ》を取ってきて、「自分が産んだ男子だ」と主張した。

そしてそのあと、既存の太子司馬遹を廃止する方向へ動いたのだった。

◆皇太子、暗殺さる

賈皇后が楊駿、衛瓘らを殺したのが永平《えいへい》元年（元康《げんこう》元年・二九一）。翌年には、武悼楊皇后（楊駿の娘）をも殺してしまった。

優秀な司馬攸（司馬炎の弟）はすでに太康四年（二八三）に没していた。皇太子時代の恵帝（司馬衷）の嫁を賈充の娘にしようと、現実とかけ離れた仲人口をきいた荀勖も、すでに亡い（二八九年没）。大分勢力図にも変化が起きていた。

賈謐を筆頭とする賈皇后の一派が強力だったが、皇太子の司馬遹をおす勢力も当然「恵帝の次」を狙っているから、ここで簡単に司馬遹を始末してしまうわけにもいかなかった。

賈皇后が司馬遹を葬り去る気になったのは、こういうことからだった。

司馬遹は、賈謐が賈皇后を恃《たの》みにのさばっているのが気に入らず、賈謐が東宮の宮殿にやってきたとき、それを知りながら挨拶をせず、裏庭で遊んでいた。

太子の家事全般を司る詹事《せんじ》の職にある裴権《はいけん》が諌めた。

「賈謐は賈皇后に可愛がられている人間です。賈謐の言うことを聞かないと、とんでもないことが起きますぞ。そうなったら、おしまいです。自分を強く抑えて、不測の事態を防ぐべきです」。

しかし、司馬遹は従わなかった。

そもそも賈謐と司馬遹には因縁があった。

賈皇后の母郭槐《かくかい》は、韓寿の娘を皇太子司馬遹の妻としようと考え、太子（司馬遹）のほうでも自分の安全を強固なものにしようともくろんでいた。

ところが、韓寿の妻である賈午《かご》（賈皇后の妹）も賈皇后その人も、これを認めなかった。

そして王衍《おうえん》の末娘王恵風《けいふう》を司馬遹の嫁としようとした。司馬遹は、王衍の長女の方が美人であると知っていたが、長女は賈謐の妻になったので、「なぜ美人の方を皇太子たる自分に寄こさないのだ」と非常に不満であった。これを常々繰り返し語っていたので、賈謐も不快であった。

ある日、司馬遹と賈謐が碁を打ち、成都《せいと》王司馬穎《しばえい》が観戦していた。両対局者が熱くなり、賈謐は攻勢に出て勝とうとした。これを見た司馬穎が「相手は皇太子殿下だぞ。少しは遠慮しろ」と言った。このことで賈謐はさらに司馬遹を嫌悪するようになった。そして賈謐は賈皇后にこう言った。

「皇太子は田地家屋を買いこみ、多く私財を蓄え、その金で小人どもをかき集めております。我々賈氏一党に対抗するためです。さらに皇太子は『皇后が死去したら、賈謐を魚肉のごとくに切り刻んでくれようぞ』と言っております。これだけにとどまらず、帝（司馬衷）が亡くなり、皇太子が次の皇帝として即位したら、われら一党は手のひらを返すように簡単に、以前の楊駿らと同じ目にあうことでしょう。早いうちに手をうちましょう。そして新しく従順でよく言うことを聞く者を新皇太子として立て、我々を守りましょう」。

これを受けた賈皇后は、司馬遹の悪口を盛んに言いふらし始めた。この悪口は内外に伝わり、「賈皇后は司馬遹を殺す気だ」と言われた。それくらい賈皇后は司馬遹を悪しざまに言い散らしていたのである。

いよいよ司馬遹を片づけるべく、工作が実行された。

元康九年（二九九）六月、賈皇后は恵帝司馬衷の体調悪化を理由に、司馬遹を宮中に呼び、まず別室に控えさせると、婢女《はしため》の陳舞《ちんぶ》に命じ酒と棗《なつめ》を飲食させてしたたかに酔わせると、文学者として名高い潘岳《はんがく》に起草させた文章を司馬遹に書かせた。

この文章というのが、天に父親（恵帝司馬衷）の平癒を祈る文にも見え、司馬遹が父と賈皇后を排除して自分が天下を取ろうという決意の表明にも見えるものだった。

酩酊した司馬遹の書く文字は半分からあとは書かれなかったが、後半部分は補筆され、「太子司馬遹の謀反の証拠」として朝議の場に持ち出された。賈皇后の勢力は、「即刻死罪」を主張した。

しかし、張華《ちょうか》や裴頠《はいき》ら正義派官僚が司馬遹がそのようなことを謀るわけがないと強硬に反対したため、賈皇后はとりあえず、司馬遹の皇太子の位を廃し、庶人におとすということにして、その場の決着を見た。

いずれ機会を見て……ということである。

実際その通りになってしまう。賈皇后は自分の私通相手である太医令（御殿医）の程拠に「巴豆《はとう》杏子丸《きょうしがん》」なる毒薬を調合させ、これを司馬遹に飲ませよと宦官の孫慮《そんりょ》に命じた。

しかし、毒殺を警戒する司馬遹は、料理も自ら行ない、いくら迫っても飲もうとはしない。そこで孫慮は薬を調合するときの棒を振り上げ、司馬遹を撲殺したのであった。

司馬遹は絶叫し、その声は建物の外にまで響いた。

司馬倫の台頭

内乱状態に陥った晋

◆賈一族を誅殺した司馬倫

司馬遹を殺害し、これでついに賈皇后らの思い通りの世の中になるかと思いきや、そうはいかなかった。じつは、司馬遹の殺害を待っていた男がいた。趙《ちょう》王司馬倫《しばりん》（？―三〇一・司馬懿の第九子）である。

年齢はわからないが、もう中堅以上のベテランである。学問はなく、知略もなく、ブレーンの孫秀《そんしゅう》に動かされるばかりであったが、賈皇后が太子司馬遹を廃したとき、さすがに黙っていられず、賈皇后をこそ廃してしまおうと考えた。

だが、孫秀はこう言うのだった。

「いままで賈謐と親しくつきあってきたあなたは、当然世間から『賈皇后派』だと見られています。いまここで事を起こし、賈皇后の排除を成し遂げたとしても、太子（司馬遹）があなたの勲功をまともに評価するとお思いですか？　下手をすると、賈皇后排除の苦労を受け持ったというだけでかえって『簡単に人を裏切る奴だ』としてあなたも死刑にされてしまう恐れがあります。幸い、太子は剛強な性格ですから、すぐにでも賈皇后は太子を赦すでしょう。そのタイミングで『無実の太子の仇討ちだ』と出ていくのが一番です。そうすれば、あなたは災いから逃れられます」。

入念に謀議を凝らした司馬倫と孫秀は、永康《えいこう》元年（三〇〇）四月三日夜、偽の詔を作成し、いきなり軍を動かすと賈謐を捕らえ、賈皇后の身柄をおさえ、こちらは建始殿《けんしでん》に幽閉し、殺害した。

しかしこのとき、張華、裴頠ら正義派官僚を殺してしまったのはまずかった。じつのところ、自分たちが天下の権力を私しようとしていただけの司馬倫と孫秀であるから、優秀な人間も邪魔だったのであろう。

◆群雄割拠の時代へ

賈皇后一派をすべて片づけると、司馬倫は永寧《えいねい》元年（三〇一）、「この国の皇帝は私だ」と言いだし、ともに賈皇后一派の排除に協力した各地の王たちの反発を招いた。

まっさきに行動を起こしたのは、淮南《わいなん》王司馬允《しばいん》だったが、逆に殺されてしまった。このあと諸々の王が攻撃しあうことになってゆくので、歴史上「八王《はちおう》の乱」は、この司馬倫と司馬允の戦いをもって始まるとされる。

八王の系譜

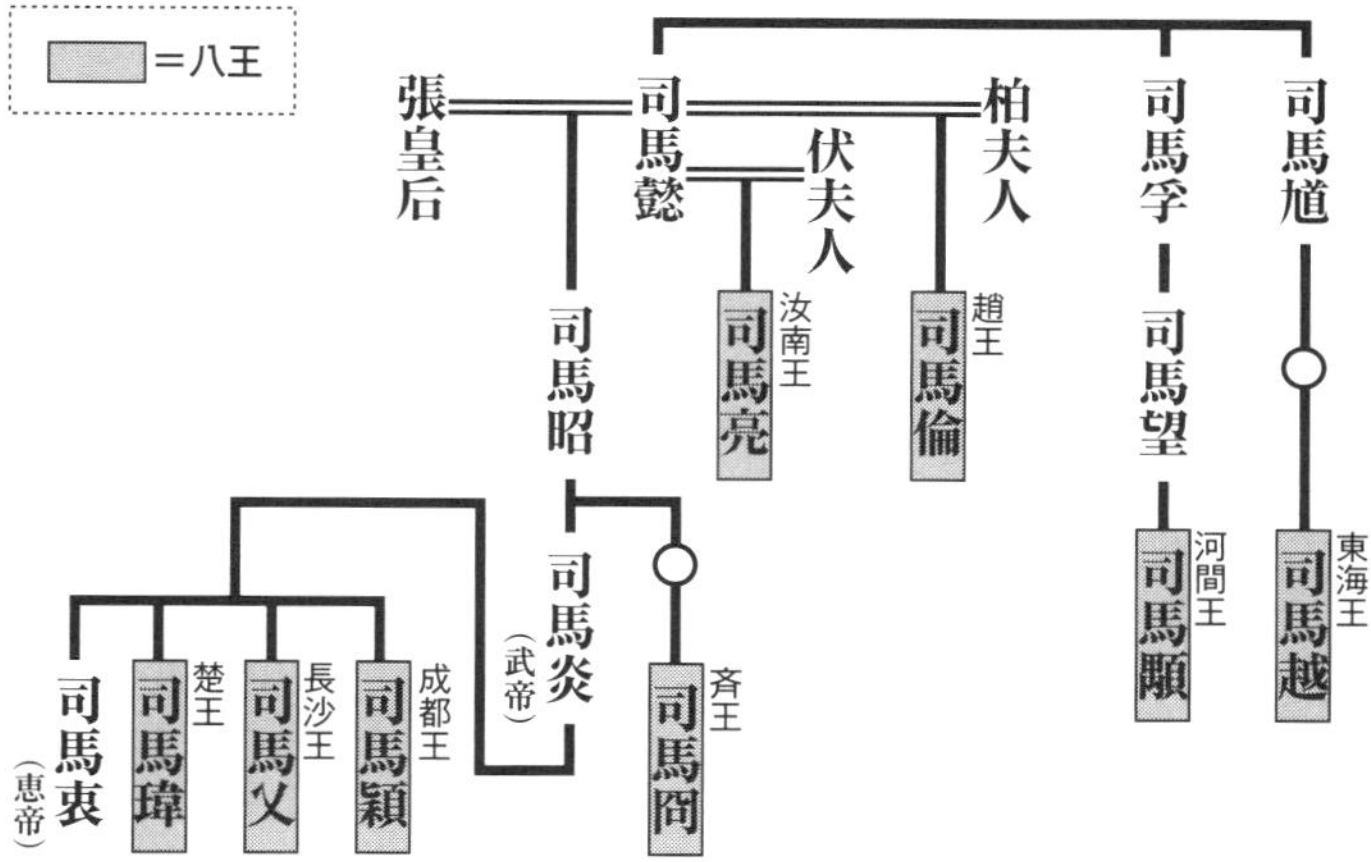

八王の乱関連年表

元号（西暦）	事項
太康３年(282年)	武帝司馬炎が司馬攸の役職を解き、領国への帰国を命じたところ、その途上で司馬攸病死。
太熙元年(290年)	４月、司馬衷即位。
永平元・元康元年(291年)	３月、賈皇后、楊駿を殺害。洛陽の楊氏を一掃する。
永康元年(300年)	３月、賈皇后、司馬遹を殺害させる。
	４月、趙王司馬倫、賈氏一族を殺害。
	８月、司馬倫、反発した淮南王司馬允を殺害。
永康２・永寧元年(301年)	１月、司馬倫、即位。
永康２・永寧元年(301年)	４月、斉王司馬冏が、長沙王司馬乂、成都王司馬穎、河間王司馬顒らとともに司馬倫を殺害する。
永寧２・太安元年(302年)	12月、司馬冏が司馬衷を復位させ、政治の実権を握るようになったため、司馬乂が司馬冏を殺害する。
永安元・建武元・永興元年(304年)	東海王司馬越が司馬乂を殺害する。
永興３・光熙元年(306年)	12月、司馬熾、即位。

このあとも身内の争いが続く。

皇帝を名乗る司馬倫に対し、斉王司馬冏《せいしばけい》（武帝司馬炎の弟司馬攸の子）、成都王司馬穎（司馬炎の第十六子）、河間王司馬顒《かかんしばぎょう》（司馬懿の弟司馬孚の孫）の三人の王が攻撃を仕掛け、ついに司馬倫は倒された（三〇一年）。

その後恵帝司馬衷が復位することになったものの、もとから暗愚極まりない皇帝である。政治の主導権を争って、内乱状態に陥ってしまう。

翌永寧《えいねい》二年（太安《たいあん》元年・三〇二）には、長沙《ちょうさ》王司馬乂《しばがい》が司馬倫を倒した斉王司馬冏を殺し、その司馬乂も永安《えいあん》元年（建武《けんぶ》元年・永興《えいこう》元年・三〇四）、東海王司馬越《とうかいしばえつ》（高密文献王《こうみつぶんけん》司馬泰《しばたい》の次子。いままでの登場人物より少し血筋が遠い）によって殺されてしまうのである。

もはや乱れ過ぎてどうにもならないような感じである。このような国家が天下を安定させられるはずはなく、世界は北方を中心にまたも群雄割拠《ぐんゆうかっきょ》の戦乱時代に突入していくのであった。

なおひと言、付言しておこう。

暗愚な恵帝司馬衷は永興《えいこう》三年（光熙《こうき》元年・三〇六）に世を去る。『晋書』は、恵帝は東海王司馬越に毒を盛られたと言う者もいると記している。

◉参考文献

左記文献等を参考にさせていただきました。

『正史三国志1』陳寿、裴松之注、今鷹真・井波律子訳、『正史三国志2』陳寿・裴松之注・井波律子・今鷹真訳、『正史三国志3』陳寿・裴松之注・今鷹真訳、『正史三国志4』陳寿・裴松之注・今鷹真・小南一郎訳、『正史三国志5』陳寿・裴松之注・井波律子訳、『正史三国志6』陳寿・裴松之注・小南一郎訳、『正史三国志7』陳寿・裴松之注・小南一郎訳、『正史三国志8』陳寿・裴松之注・小南一郎訳（以上、ちくま学芸文庫）／『一冊でわかる　イラストでわかる　図解三国志』渡辺精一監修（成美堂出版）／『三国志人物鑑定事典』渡辺精一、『郡雄三国志』（以上、学研パブリッシング）／『三国志人物事典』『全論諸葛孔明』渡辺精一、『「三国志」の政治と思想』渡邊義浩、『三国志の英傑』竹田晃、『三国志考証学』李殿元・李紹先著・和田武司訳、『諸葛孔明―「三国志」とその時代』宮川尚志、『三国志の政治と思想　史実の英雄たち』渡邊義浩、『中国の歴史4　三国志の世界』金文京（以上、講談社）／『キーワードで読む「三国志」』井波律子、『三国志』横山光輝（以上、潮出版社）／『三国志―正史と小説の狭間』満田剛（白帝社）／『三国志の言葉』丹羽隼兵（PHP研究所）／『三国志合戦事典』藤井勝彦、『三国志人物事典』小出文彦監修（以上、新紀元社）／『三国志全人名事典』『中国の思想』刊行委員会編著（徳間書店）／『図解雑学三国志』『図解雑学諸葛孔明』渡邉義浩（以上、ナツメ社）／『図解三国志郡雄勢力マップ』満田剛監修（インフォレスト）／『図説三国志の世界』劉煒著・氣賀澤保規編訳（大修館書店）／『正史三國志群雄銘銘典傳』坂口和澄（光人社）／『西晋の武帝　司馬炎』福原啓郎（白帝社）／『歴史法廷 vol.3』（世界文化社）／『晋書』房玄齢など

監　修

渡辺精一（わたなべせいいち）
1953年東京生まれ。國學院大學大学院文学研究科博士後期課程単位修得。現在、二松学舎大学講師、朝日カルチャーセンター、早稲田大学エクステンションセンター講師。おもな著書に『三国志 40人の名脇役』（二玄社）、『三国志人物事典』（講談社）、『1分間でわかる「菜根譚」』（三笠書房）、『素書』（明徳出版社）などがある。

じっぴコンパクト新書　129

JIPPI Compact

知れば知るほど面白い「その後」の三国志

2012年11月16日　初版第一刷発行
2013年2月28日　初版第三刷発行

監　修……………渡辺精一
発行者……………村山秀夫
発行所……………実業之日本社
〒104-8233　東京都中央区京橋3-7-5京橋スクエア
電話（編集）03-3535-3361
　　（販売）03-3535-4441
http://www.j-n.co.jp/
印刷所……………大日本印刷
製本所……………ブックアート

ISBN978-4-408-45412-2（趣味・実用）